韩国人在想什么 Ⅳ

〔韩〕李圭泰 著
李锦花 译

南京大学出版社

图书在版编目(CIP)数据

韩国人在想什么 / (韩) 李圭泰著 ; 赵莉等译. -- 南京 : 南京大学出版社, 2015.1
ISBN 978-7-305-10304-9

Ⅰ. ①韩… Ⅱ. ①李… ②赵… Ⅲ. ①民族心理—研究—韩国 Ⅳ. ①C955.312

中国版本图书馆 CIP 数据核字(2014)第 035792 号

出版发行 南京大学出版社
社　　址 南京市汉口路 22 号　　邮　编 210093
出 版 人 金鑫荣

书　　名 韩国人在想什么
作　　者 李圭泰
译　　者 李锦花
责任编辑 戚宛珺　沈卫娟　　编辑热线 025-83753947

照　　排 南京南琳图文制作有限公司
印　　刷 南京爱德印刷有限公司
开　　本 850×1168 1/32 印张 6.875 字数 137 千
版　　次 2015 年 1 月第 1 版 2015 年 1 月第 1 次印刷
ISBN 978-7-305-10304-9
定　　价 88.00 元

网址: http://www.njupco.com
官方微博: http://weibo.com/njupco
官方微信号: njupress
销售咨询热线: (025) 83594756

目
录

韩国人的“筵席文化”

2 女性主导型国家

3 一朵花的格调与品节

4 韩国人的“功名观”——期待“高”处的风景

1

韩国人的"筵席文化"

问世间，“情”为何物？

在韩国社会的人际关系中，“情”是维系人与人之间弥足珍贵的关系所必不可少的情感和心灵的要素。也可以说，“情”是韩国式人际关系中需要被审视的重要情感资源。

人们闻着玫瑰馨香回忆过往的时候，嗅到的花香也许无甚差别，但由此触发的记忆却不尽相同。有人回忆着过去收到玫瑰花的情景，脸上洋溢着甜蜜的微笑；而有的人，比如说曾经因玫瑰花而损失惨重的花店老板，回想到的则可能是眼前一片漆黑的绝望。

法国哲学家亨利·柏格森曾说过这样一段话：“我嗅到一朵玫瑰花的香味，于是，儿童时期的一堆模糊的回忆即刻涌入脑海。老实讲，这些回忆并不是花香引起来的，我是因包含着记忆的花香激起了这些回忆的，花香对于旁人会有旁的气味。”

人类的情感犹如玫瑰花香，并非固定不变，而是随着文化圈、民族环境以及条件的变化而各不相同。以此类推，“情”这种情愫也是相同的。正如玫瑰花香并不是某个人所特有的，“情”也不是韩国人所特有的情感。然而由于韩国人独有的同一性，韩国人的“情”又区别于其他任何一个国家。

事实上，在英语中有很多与“情”相近的词语，但却没有一个能完全涵盖其含义。在抒发“对故乡山川的眷恋热爱之情”时，“sympathy”

(同情)这个单词是词不达意的;"affection"(钟爱)这一单词或许能表达喜爱之情,但对嫌恶之情却无能为力;"mercy"(慈悲)用以诠释"亲切的情景"中的"情"时又稍显不足。与韩文中的"情"相比,"benevolence"(博爱)的范围过广,"love"(爱)的程度略深,"compassion"(怜悯)的内涵则略微浅显。

"love"(爱)似乎是和"情"最为接近的词。"有着深厚感情的人"可能是"爱恋之人","有着深厚感情的故乡"也可说成是"某人眷恋的故土"。尽管"有着深厚感情的人"和"爱恋之人"从表面上看似乎并无区别,但两者的内涵却有很大差异:"爱恋之人"中"爱恋"是单方面个人意志的表现。与之相比,"深厚感情"则是"爱"和"情"的客观存在,不管这种感情是自我意志还是他人意志。

另外,在两者对象的比较上,"爱"和"情"的差别也一目了然。例如我们对故乡路面上冒出的一小块石头,或是对故乡小溪里的一块小阶石抒发喜爱之情时,可以说"有感情的小石头"、"有感情的小阶石",而不会说"爱恋的小石头"、"爱恋的小阶石"。

以上列举的英语单词都只能表达"情"多种意义中的一小部分,不能完全表达其涵义。从这个角度来看,"情"可以说是韩国人特有的综合性情感之一。

那么,对于韩国人,"情"为何变得如此深邃呢?

"情"不会在与世隔绝或孤芳自赏中产生,只有在一定的关系中积累到某种程度才会产生。因而“情”是一种相对的产物。“情”于某种关系中衍生，同时也与这种关系维系的时间长短密切相关。也就是说，“情”无法在瞬间或短时间内产生。爱情可以有“一见钟情”，在瞬间或是短时间内碰撞出耀眼的火花。然而，“情”却不同。“情”只有在细水长流的长期相处中才会产生。这种关系的另一方并不一定是人，即使是动物、山川，只要能与之朝夕相对、长久相处，也会产生感情。而且，“情”产生的频率及深度也与关系持续的时间成正比。

所以，如果一个民族的“情”很深厚，就意味着这个民族的关系能够长久地维系。在四处迁徙、流动性很强的产业文化圈，频繁的迁徙会使得关系难以为继，也减少了人们增进彼此感情的机会。

与此相反，在稳定的社会中，祖孙世世代代在同一空间共同生活，关系持续的时间也就会变长。这种关系的延续是一种超越生死的存在——它早于“我”的生命，并将在“我”的生命之后延续。所以，社会越稳定，维系长久情感的条件就越充分，民族感情也就越深厚。

韩国的农耕社会强调稳定，而且在这个以村庄为主体的、稳定的社会小群体中，所有的东西都是自给自足的。除了盐等极少数的物品外，人们几乎没有必要外出购买生活用品。像盐贩和焗匠这样的生意人会来到村子里，为村民补给不足。所以，人们从呱呱坠地到撒手人寰，足不出村也可以生活得很好，并且这样终老一生的人也为数不少。

十一世纪以前，欧洲的农耕社会尚未形成。那时，欧洲的产业以迁徙性很强的游牧业为主。然而在农耕产生之后，随着商业的发展和贸易的频繁，形成的仍然是迁移性较强的社会。因此，与韩国相比,“情”发展成熟的机会比较少。

促使“情”产生的另一重要因素当数集体性,与集体性相反的概念是孤立性和个体性:强调集体性的社会中,人与人的接触频率高;强调个性的社会中,人与人的接触频率则相对较低。正如物体之间相互摩擦发热生电一样,“情”也是在人与人的相互接触中产生的。在个人主义发达、只强调自己的主张和权利,各个成员都与世隔绝的社会中,“情”难以产生,更难以维系。作为集体的一分子,只有适当收敛“个性”,寻求与他人和谐共存,“情”才得以产生。

在集体中,即使对方的意见与自己的大相径庭,也努力去理解对方的立场和处境,并对其做出让步,“情”这一精神的“细菌”才会得以滋生。如果把夫妻、家庭、职场、村庄等等看作是一个个的集体,在这些集体当中,过分标榜自我、固执己见的人是得不到他人的“情”的。错不在己也能率先承认错误,将自己完全融入集体中,唯有这样,才能与周围的人“情”义长久。

韩国人的“筵席文化”

有一次，我应邀去俄克拉荷马市的一个会计师家中参加派对。虽说是派对，但客人只有我和住在他家附近的两对夫妇，都是他的挚友。

这位主人以修剪树木为乐，他带我们参观了车库中琳琅满目的修剪树木所需的锯子和其他各类装备。之后又把我们带到后院，向我们炫耀自己修剪的一根木雕。随后又给我们“鉴赏”了两根“西进运动”时期的铁路枕木，据他讲述，这两根枕木是他修剪被风吹倒的树枝所得到的回报。那都是些我毫不关心、不感兴趣的东西，而且他的讲解也是枯燥至极。我心想，世界上怎么能有如此无趣之人？

我想既然是招待远道而来的外国宾客，派对开始之前应该会上酒的吧？这并非我的“非分之想”，而是常识和惯例。但是，他只是一味地谈论修剪树木，丝毫不见上酒的动静。

按照韩国的礼仪，客人是不能先向主人讨酒喝的。我想或许是他一时忘记了，便向他要了冰水，想借此提醒主人一下。结果他端上来的真的只有水而已。

尽管如此我仍然满怀期待地坐在餐桌前，心想吃饭的时候至少会有葡萄酒吧。吃饭时，女士们的杯子里盛着茶褐色的液体，而我面前的杯子里则是透明的液体。“大概是葡萄酒吧。”我猜测着，同时尝了一小口，立刻有种上当的感觉：杯子里装的竟是冷水！

事后我才得知，这位主人出身于传统的清教徒家庭，与酒无缘。但即便如此，对客人疏忽至此，总令我感到些许不快。晚餐似乎也和平时没什么区别。从席间的谈话我才知道，晚餐的面包不是平时从超市买回来的那种，而是女主人亲自烤制的面包卷，但也仅此而已。

我当然没有奢望晚餐能像韩国派对那么丰盛，但是如此“简陋”的招待还是出乎我的意料。我切身感受到了一种文化冲击。

刚出玄关，主人指着夜壶般大小的空心木块，说我如果想要，可以拿回去。还说，如果对修剪树木感兴趣的话可以与他联系。这真是一场彻头彻尾的以自我为中心的派对：主人无视客人的兴趣、爱好和口味，这与韩国以客为主的待客方式有着天壤之别。

提起派对，韩国人总会联想到华丽的礼服，盛大的管弦乐队，以及平时吃不到的珍馐美味。当然，在美国这种派对也不是没有。但是，在一般的美国派对上，从人们的穿着到派对的食物，都和平时相差无几。只是把想见的人邀请到一起，吃顿便饭，谈天说地罢了。那种仅以罐装啤酒、奶酪和曲奇等代替晚餐来招待客人的聚会比比皆是；晚餐后，仅提供咖啡、冰激凌的小派对也很稀松平常。美式派对就是大家毫无负

担地经常见面，维持彼此联系的一种手段而已。

所以，习惯了“没有山珍海味就绝不邀请客人”这种“筵席文化”的韩国人，碰上“简陋”的美国派对，恐怕只能失望而归了。

美国有“爱”，韩国有“情”

不知道是哪位智者最先把“爱”称为“爱情”，但不得不说，这实在是恰如其分的表达。因为爱情最理想的状态就是“爱”与“情”的水乳交融。虽然不想把人类的这种纯真情感，通过咬文嚼字来解读，但是为了方便比较韩国人的“情”与美国人的“爱”，下面需要根据不同情况对“爱情”一词进行解析。

首先，我们要探究“爱”和“情”的词源，以此来考察两者的差异。“爱”的词源是“炁”，与其读音相似的“既”是一个象形字，指人吃饱而掉转身体将要离开的样子。“炁”形容的是不可再添一分一毫的满溢状态。也就是说，“既”这个字描述的是一种无以复加的情况。“灌溉”中“溉”字是指再灌水就要溢出来的状态，这亦是由“旡”字演变而来。

所以，“炁”字意为内心饱满、无以复加的满溢状态。

“愛”字下面的“夊”也是一个象形字，形容不愿离开、慢慢行走的样子。所以，“愛”可以理解为一种内心充满深情、不愿离开的感情状态。

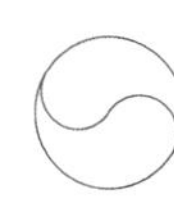

与“爱”相比，“情”虽然也是表达心灵状态的词，但它表现的却是一种完全相反的状态：“青”字是会意字，它的金文字形上面是象征“嫩芽”的“生”字，下面是“丹”字，“丹”是“井”之变，形容的是井中清澈平静的水的状态。所以，“青”既有绿色之意，也喻指“静止”。“清”和“精”的本意都是纯净透明，而“静”和“情”的本意是“如泉水一般静谧”。因此，“情”指的是沉静如水、深藏体内的心灵的瑰丽色彩。

尽管表达的都是心理状态，“爱”是一种冲动而爆发的状态，而“情”则表现出似有似无、安然静谧的特征。同时，“爱”和“情”在发生的时间上也存在时差。“爱”是相见或初相处时的电光火石，“情”源于长期相处的厚重积累。

“爱”意浓厚，但持续时间短；“情”意绵绵，虽然单薄却生命力顽强。在莎士比亚的作品《罗密欧与朱丽叶》中，男女主人公从初次相见到共坠爱河再到双双殉情，中间不过短短十五天。

正如这样，“爱”和“情”看似雷同，其实不然。由电光火石的“爱”出发，以细水长流的“情”相守余生，这才是“爱”和“情”相结合的最佳状态。但是，“爱”并不总能转化为“情”。有时候，人们由“爱”出发，却因爱的冷却而劳燕分飞；或者，当初不曾相爱，却因“情”到深处而“执子之手，与子偕老”。

美式婚姻多数以“爱”开始，却最终没能升华为“情”；韩式婚姻大半缺乏“爱”的基础，但最后往往却能以“情”相守。这便是两者的差异所在。

钥匙权

钥匙在“家”这个空间里有其特有的威力。在德国的家庭中，钥匙是主妇的象征。在罗马，钥匙也同样代表主妇的权力。

在易卜生的小说《玩偶之家》中，娜拉离家出走时不忘把象征着主妇权力的钥匙留下，这一场面使人印象深刻。契科夫《樱桃园》中也有主妇丢掉钥匙以表示放弃主妇权力的描写。

在德国的法律术语中有“钥匙的权力”一说。它的意思是妻子在不征求丈夫同意的情况下有权单独处理日常生活事务。

钥匙的威力在中国也不例外。中国的主妇被称为“管钥匙的”。婆婆在把主妇权力移交给媳妇的同时会把钥匙一并交给她，象征着权力的相续相承。

钥匙，作为主妇地位的象征，在《金瓶梅》、《红楼梦》等文学作品中也都有描述。

在把钥匙视作权力象征的文化圈中，由钥匙衍生出了很多民俗信仰。譬如，使钥匙沿着背部滑落就能止住鼻血，抑或把钥匙放在熟睡的孩子枕头下面，就

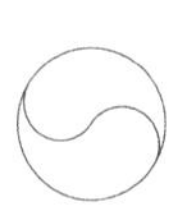

能保护孩子免受病痛折磨等等。

钥匙文化在欧洲和中国如此发达，为何在韩国难寻芳踪？

究其原因，这首先是由对内外空间界限认识的差异造成的。西方将个人所处的空间作为区分内外的基准，而韩国则将家庭所处的空间作为区分内外的基准。对于西方人来说，自己房间之内才算是“内”，自己房间以外的空间统统是“外”，即使是同住一个屋檐下的家人所处的空间也不例外。

这也表明西方人以自我为中心，推崇个人和隐私；而韩国人具有集体主义观念，因此他们不赞成家庭里的个人主义，并排斥家庭成员之间的距离和隐私。锁和钥匙正是确保这种隐私的工具和手段。所以这也从另一个方面说明了钥匙文化发达与否的深层原因。

英语中的“I”是众多英语单词中唯一享有特权的单词。中文意思为“我”的字母“I”，在字母表中是最简便易写的元音。不仅如此，“I”的与众不同还在于：它在文章中间也是以大写出现的，这也是这个字母的特权。

这是由于“私”是西方文化的核心所在，同时这一现象也有力证实了隐私在西方文化中的重要性。

与之相比，在韩国，“私”代表的则是负面形象和消极的价值观念，它的地位是极低的。与“公事”、“公用”相比，“私事”、“私见”、“私用”等词汇甚至带有轻蔑的色彩；“私心”、“私利”、“私欲”、“私怨”更是人性之“恶”，理应弃之如敝屣；“私愤”令人不齿，“义愤”才值得流芳千古；“私通”等词汇则更加重了“私”的负面形象。

“私”的卑微地位源于韩国人“否定、拒绝隐私”的文化。韩国人习惯于将“个人”藏于“集体”背后，“无私”的价值观应运而生。

同样套用“无私”价值观来解释，我们便可以理解韩国人为什么不说“我的家”、“我的公司”、“我的国家”，而说“我们家”、“我们公司”、“我们国家”；甚至称呼自己的妈妈或老师时，也用“我们的妈妈”、“我们的老师”。所以，在集体主义文化圈中，钥匙文化不发达的原因也就不言而喻了。

韩国钥匙文化不发达的另一原因，是韩民族是世界上为数不多的使用单一语言的单一民族。这种单一性拉近了人与人之间的距离，削弱了彼此间的隔阂。

韩国人彼此之间没有排斥感，所以他们很容易进行思想沟通。反之，那些同处一个国家但信仰不同的人；或者使用同一种语言，却拥有不同肤色的人；又或者同享一种文化，语言却大相径庭的人，他们只能各自为营，确保自己的领域和空间。

但是，在韩国，只身行走在乡间小路上，口干舌燥时，可以像在自己的家一样，随手推开路边人家的柴门，进去饮一瓢水，然后坐在门廊下歇息片刻再启程。赶路的人不会在意主人在家与否，主人亦不会问客“为何而来”。

韩国人生活的空间就是这样彼此渗透，没有公私空间的明确界限。在拥有这种空间观念的民族里，保障隐私的钥匙文化是无法扎根的，这是个不争的事实。

韩国钥匙文化不发达的原因之三，是韩民族的祖先们以农耕为生，生活贫寒，不具备进行财富积累的

基本条件，这和西方的工商业民族不同。事实上，在古代，80%～90%的韩国人连衣食住所需的基本生活必需品都无法保障，更别提什么财富积累了。所以，别说是柴门，就算把房门、厨房门、房里的柜门统统都打开，在地里干一天活都不会担心被窃。

正因为如此，古时候即使有盗贼闯进家里，也顶多顺手牵个汤勺，或是打开酱缸偷两勺酱而已。这种小打小闹的小偷是典型的韩国式小偷，恐怕在国际小偷界都绝无仅有。

当然，一个村子也有那么两三户人家高墙环绕，大门紧闭，内外界限森严，不过也仅此两三户而已。

其他的房子要么没有墙，即使有墙，也是只要稍作努力，就完全可以进入的篱笆墙。开合自由的柴门也只是象征性地构造了一个空间的内外界限。

像这样，把个人空间和公共空间融合在一起的民族就是韩民族。韩国人这种特有的生活方式，使得“隐私空间”成为多余的存在。

在没有丝毫隐瞒，任何人都可以自由出入的风俗文化中，锁和钥匙失去了存在的意义。钥匙文化无法在韩国立足扎根的原因也正在于此。

韩国人的“红眼病”

韩半岛南部的古语中有这么两句话——“多添三碗饭”或“还得多加三碗饭”。“多添三碗饭”经常用来形容妇女的品德。有“多添三碗饭”这种意识的女性通常被认为是贤良淑德的。据说穷人家的女儿出嫁的时候,父母没什么打点给女儿的,只是传授给女儿“多添三碗饭”的心得。

“多添三碗饭”不是“三德”(韩语中这两个单词的发音很接近)的错误发音,它蕴含着韩国人的传统美德。

“添三碗饭”的本意是“再加三份”。一般我们做饭的时候都是根据家里人的数量来做的,做的饭既不会不够也不会浪费。但是“多添三碗饭”,顾名思义,就是指除了家里人吃的饭量以外,再多添三个人的饭量。按照正常的思维,或许会觉得这是一种浪费。但是,韩国很多事情是不按常理出牌的,“多添三碗饭”这种习惯也不能按照常规思维来推敲。

一般来说,韩国的农村都很贫穷。在那个年代,拥有自己土地的人是少数,更多的农民只能靠出卖劳动力或租种他人田地为生。贫穷人家的父母自愿去那些生活较富裕的人家干活，帮忙做些诸如洗碗、洗衣服、锄草、打扫卫生等事情。对于这些不请自来的“劳动者”，不能随便加以拒绝，这也算是一条不成文的规定。但是由于是自愿帮工，所以他们也不能要求报酬。

不过，到了吃饭的时候，帮工们可以吃那家剩下的饭菜，或者把剩饭剩菜带回去给家人吃。有时候也会带个孩子到那家去吃饭。由此也看出，和穷苦的人共同生存是韩国的传统美德。

假如某个主妇依据家庭人口准备饭菜的分量，那么当那些不请自来的“志愿者”们登门拜访时，她就要陷入手足无措的尴尬境地了。

所以，“添三碗饭”不仅是韩民族的智慧，也是和贫苦的人共生共存的村落共同体得以维持的条件。从前，韩国人虽然贫穷，但是也不至于饿死街头；犯罪也有，却大都微不足道。这和“添三碗饭”的优良传统有着密不可分的关系。

正是由于人们共生共存、相互扶持的意识，韩民族也足以在村落共同体内生活无忧。

生活在同一个村落共同体里面的人们，大家互帮互助，从不吝惜时间和精力，这就是村落共同体的生存理念。因此，这种集体生活需要的是可以和大家和谐相处的“平均人群”，这种“平均人群”被认为是最理想、最适合和别人一起相处的人群。在这里，不论是才高八斗、出类拔萃的精英，还是一毛不拔、斤斤计较的吝啬鬼，或是挥霍奢侈，自命清高的人等等，这些走极端的“非平均人群”都是要受到冷落和排斥的。

共同体中的人们很鄙视那些因“非平均”而遭受指责的人，教育也朝着“消除特殊、营造平均”的目标发展。

村落共同体成员认为“有谁若是过得比我好，那便是有悖常理”。而由此派生的嫉妒心理，令他们善于捕风捉影、背后中伤，并且乐此不疲，这正是韩国村落共同体的“平均意识”在作祟。一心想要平平凡凡，与人和谐共处，不料却有某些不自量力的人妄图脱离“平均”，独树一帜。于是，全力维系“平均”的心理转而成为猜疑妒忌。

很早以前，就有人形象地把韩国人比喻为“瓮中之蟹”。把很多螃蟹放进瓮中，螃蟹会各自沿着瓮壁往上爬，但是在下面的螃蟹会用蟹钳夹住自己上面的螃蟹，把它拖下来。瓮里的螃蟹一直重复着往上爬、被夹住、掉下来的动作，结果可想而知，没有一只螃蟹逃出生天。

“瓮中之蟹”这种现象在韩国人的集体生活中非常普遍。韩国人乐于帮助困难不幸的人，但是对于那些财运亨通、平步青云的人却看不顺眼，经常在这些人背后说风凉话。因此，如果有人诽谤那些“非平均”的家伙，自己也会获得一种发泄的快感。

看到邻居家的孩子学习更优秀就会妒火中烧，看到邻家女主人穿着华丽就莫名地敌意顿生。这种“看到近亲买地就嫉妒”（韩国俗语）的心理，反映了共同体中的人们对“非平均”人群的抵触情绪。这正是由村落共同体的性质所决定的。

在移民国外的韩国人里，也存在这种现象。

20 世纪初，移民到夏威夷和墨西哥的韩国人在合同期内过着奴隶般的生活。当时生活在墨西哥尤卡坦半岛上的韩国人与中国人、日本人、古巴人等相互为邻，形成了各自的移民村。据说，当时再没有别的民族像韩民族那么相互扶持、团结互助的了。在中国人或古巴人的移民村里，如果有人卧病在床、无法工作的话，那他的收入肯定会相应减少。而在韩国人或日本人的移民村里，如果有人卧病在床，总会有人自愿代替那个同事工作。所以与生病之前相比，反而出现工作完成量增多、收入增加的现象。

身处困境面临危难之时，韩国人"多添三碗饭"的意识促使他们团结一致、不离不弃。可是这样的韩国人却在劳动合约到期、生活好转之时，开始相互诋毁、彼此猜忌。不仅如此，他们还在对方成功的道路上设置障碍。韩国移民群在国外的立足比日本人晚了 30 年，而且成功率也只有 15%。这不是受移民国家的外部因素影响，而恰恰是韩国人的内部因素所致。这已经成为移民国家人尽皆知的事实。

韩国企业在进军中东市场的过程中，由于内讧错失良机，从而处于劣势的例子亦是不胜枚举。

美国的"综合教育"

美国的小学教育从传统的分科教育模式中脱离出来,逐渐向各科目一体化教学的方向转变。虽美国各州的具体情况有所不同,但大体发展趋势却是一致的。

这种转变意味着,教师不再分别教授国语、数学、历史、地理、生物、家政、道德等单科科目,而是将这些科目综合归纳,分为"我们的环境"、"人与人的联系"、"我们自身"等三大课程,生动灵活地向学生传授生活的智慧和知识。

以一节蛋糕制作课程为例。教师准备了做蛋糕的各类材料,有面粉、糖、鸡蛋等。教师首先向学生们介绍了面粉的主要成分——淀粉的相关知识,然后向学生演示了用碘验证淀粉存在的实验;接下来,又用幻灯片讲解糖的制作过程,紧接着又从生物学、营养学的角度分析了鸡蛋的成分。

结束了对材料的学习,随即进入制作蛋糕的过程。教师向学生展示了怎样混合各种材料和如何和面,并且待蛋糕成型后,在放入烤箱之前,称了一下重

量。在烘烤蛋糕的空当里，教师开始讲解焙粉使蛋糕松软的化学原理。蛋糕烤好之后再次称重，并与之前的重量相对照，计算蒸发了多少水分。

教师还在分蛋糕的过程中教授学生数学知识。具体做法是：把做好的蛋糕平均分给孩子们，让他们计算蛋糕的中心角，并根据各自计算的结果得出一个平均值。如果这个值不能被整除而出现循环小数的话，教师会趁机向学生讲解"循环小数"的概念，并传授概率的计算方法。

这堂课结束后，学生们一起分吃蛋糕。在吃蛋糕的过程中他们还能学到饮食礼仪。

在这个综合性的课堂上，社会、数学、科学、家政、道德等原本风马牛不相及的科目不知不觉融为一体。

我曾经有幸拜访到一位韩国女教师，她执教于波士顿郊外的一所小学。从她那里，我听闻了一些"科目一体化教学"的趣闻逸事。

那是一堂以兔子为主题的课。这位女教师先让学生画出兔子，然后教授与兔子有关的童谣，之后又开始讲述与之相关的童话和漫画。这位韩国女教师给学生们讲述了一则在韩国家喻户晓的寓言故事——龟兔赛跑，并解释了其中蕴含的深刻寓意和人生智慧，即骄兵必败，不管实力相差多么悬殊，处于弱势地位的人只要竭尽全力也可以获得成功。但是，在讲故事的过程中，美国小学生提出了一个在韩国决不会被提出的怪异问题。

那个学生反驳说，乌龟虽然坚持不懈取得了胜利，可是这种胜利来得并不光明正大。因为如果是公平竞争的话，乌龟看到熟睡的兔子就应该把它叫醒，然后再进行赛跑。趁着别人睡着的机会取得胜利，虽胜犹败，是令人不齿的行为。

这位女教师说，通过这次经历，她切身感受到了“在同一起跑线上与对手公平竞争”的西方价值观。龟兔赛跑的寓意也因价值观的不同而变得更加耐人寻味，从而在我们的观念中加入了一些新智慧。比如说，韩国式思维不曾涉及的“公平竞争观”，以及“乘虚而入取得胜利是不道德的行为”等思想观念。

接下来，教师从生理结构的角度向学生说明了兔子比乌龟跑得快的原因，并介绍了兔子的习性、饲养方法以及各种用途等，最后布置了以兔子为主题的写作作业。

就这样，在以兔子为主题的课堂上，美术、音乐、童话、道德、生物、写作这些原本独立的科目被巧妙地结合在了一起。

分工精细的现代社会

人类的各种智慧和知识原本是融为一体的。古希腊有许多著名的专家学者，如数学家毕达哥拉斯，物理学家阿基米德，哲学家亚里士多德，医学家希波克拉底等等。但是，这些著名学者大多是一专多能，他们往往既懂数学又通物理，同时还研习哲学，可谓是综合型人才。把他们称为数学家、物理学家、医学家，也是近代以后的事情，是后人根据其成就最大的领域或影响最大的领域，为他们贴上的“标签”。

例如中世纪的列奥纳多·达·芬奇，他制造了测水仪和飞机模型，同时也绘制出了人体解剖图。在生物学方面，他研究遗体写出了“论生理”；在美术史上，他为后世留下了包括《蒙娜丽莎》在内的许多惊世名作。他被冠以“画家”的称号，只是因为后世人们公认其绘画天赋最为突出，这并非当时就有的称号。

但是，随着社会的进步，以前那种全知全能的专家逐渐发展成为精通某一领域的专门人才。与其一个人既种地又捕鱼又盖房，倒不如分成农民、渔夫、木匠等职业，大家分工合作、各司其职，这样反而更有效率。我们现在生活的时代正是这样一个分工精细的时代。

在美国，仅官方公布的职业种类就多达22万种。在分工合作极为发达的社会里，需要的是符合社会发展趋势的专业人才。所以，生活在这个社会里的现代人注定与全能型人才无缘，只能在某个狭小的领域，安分守己地做一只“井底之蛙”。

这些“井底之蛙”们聚在一起的时候，聊天的话题没有了交集，因而产生“隔行如隔山”的疏离感。比如说，当研究蝴蝶消化器官细胞的专家和研究引起人体过敏的花粉专家，以及研究高丽时代商业形态的专家聚首时，他们之间根本无法进行深层沟通和交流。

分工和分工化社会在提高专业效率的同时也给人类社会带来了巨大的副作用。它使人们变得孤独、冷漠，甚至让人们丧失了生活的激情。美国率先认识到这一现实，目前他们正试图从孩子抓起，开展回归全能型人才的教育。

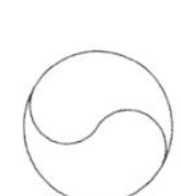

从饮食形态看国家教育

美国的比较教育学家肯迪尔提出了一个奇特的构想：不同国家的饮食形态和其教育形态密切相关。

有人说，人是食物性动物。正如这句话所说，人类的思维模式和行为方式在很大程度上受到所属文化圈的饮食形态的影响。举个浅显易懂的例子，我们可以通过素食主义和肉食主义的区别来寻找东西方文化的差异，而这正是文化人类学的既存形态。

例如，德国人以大肚汉著称，这种倾向也显著地体现在德国的学校教育中。

在德国的学校里，教师们向学生灌输大量的知识，告诉他们所有的知识都具有同等的价值。如果有进一步解释的内容，他们会把这部分内容作为注释，收录在教科书里。所以德国人无论在饮食上还是教育上，都是“大胃王”。

与之相比，法国人可谓是美食家。法国人把吃视作享受和乐趣，他们天生味觉灵敏，能够分辨出不同食物的味道。法国人吃得很考究，去餐厅吃饭，光是点菜就要耗费很长时间。吃菜的程序也很复杂、考究，他们细嚼慢咽、仔细品味，尽情享受美食的乐趣。正是由于法国人这种“品味式”的饮食方式，他们的用餐时间大都很长，吃一顿晚饭一般要花费 3 个多小时的时间。

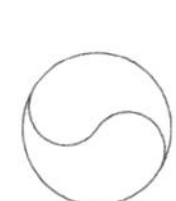

法国的教育，贵在"精"而不在"量"。他们认为与其传授学生多而杂的知识和技能，倒不如把教育重点放在培养学生独立性、发散性、探究性等思考能力的方面。在这种"品味"式的教育模式下，最理想的人才并非博学，而是那些明达睿智的人。这里需要指出且很有意思的一点：在法语中，"明达睿智"(clarte)这个单词的拼写和法国大餐中必不可缺的"葡萄酒"(clart)的拼写很相似。

在欧洲众多国家中，英国的饮食以粗糙无味著称。英国人吃东西的首要目的是保证身心健康，味觉享受居其次。所以，英国人注重营养搭配，但对于食物的味道和分量却不是很在意。

在教育领域，可能没有哪个国家像英国这样重视体育精神。自古以来，培养绅士就是英国教育的重要目的之一，而体育在其中扮演着重要角色。勤俭、坚定的教育理念正是英国饮食形态的反映。

美国的饮食文化大体上继承了英国的饮食文化传统。家家户户的餐桌上，菜式重复、味道雷同正是美国饮食的特点。所以对美国人来说，吃东西的目的只是摄取身体所需的卡路里，比起色香味，他们更重视的是质。与英国人相比，美国人在食物质量的衡量标准上较为宽容。这大概算是美国饮食和英国饮食的一点不同吧。

美国学校设置的选修科目之多可称世界之最。

学校允许学生自主选择科目，修满学分后即可毕业。这和吃饭时根据自己的需要选择卡路里的饮食形态有一定的关系。

美国有名的教育家约翰·杜威曾指出，美国教育的特色在于“适量”。饮食和生活需要适量的卡路里，同理，只有积累了一定量的知识才能完成学业，顺利取得毕业资格证。

韩国的饮食特征是大家齐聚一堂，同吃一锅饭。中国或西方的饮食习惯是饮料、汤水、菜肴、甜点、咖啡这些东西依次上桌，属于“时间展开型”的饮食形态。与其不同，韩国人习惯将汤饭菜一并摆上桌，是“空间展开型”的饮食形态。

这种“一次性”解决的饮食形态恰恰体现了韩国教育的特征。其实，细究起来，广义的教育不单单指学校教育，还包括家庭教育、成人教育、新兴的终身教育等等。以“时间展开式”进行的教育要求人们活到老学到老。

但是，在韩国，人们无一例外地认为学校教育就是教育的全部。教育专属于学校，学校以外的教育无足轻重，因而理所当然地把孩子的各种教育都委托给了学校。

学校本来的使命是对学生在家里无法完成的学习进行指导。所以，在德国、意大利、丹麦等国家，小学一般在上午放学，孩子的礼仪道德教育则由父母在家里教授。就是说，家庭教育所占的比重也很大。

西方国家在家里教授的道德教育、生活指导、课外活动、公共教育、交通安全教育等科目在韩国都成了学校的任务。韩国的学校教育非常全面，可能除了婚姻大事，其余所有的事情都囊括其中，甚至连学生的就业去向，学校也会过问。所以，韩国教师也许是世界上最繁忙的群体之一了。

韩国饮食的第二个特征是杂食性，与西方饮食的单一性不同。西餐里，牛肉大餐就是单纯的牛肉，羊肉大餐也就是单纯的羊肉。而韩餐不同，韩国料理是米饭、汤、泡菜、大酱、黄豆芽、山野菜、豆腐、虾酱、鱼、肉等各种食材混合在一起的杂食性构造。

学校教育的多样性与饮食的杂食性直接相关。韩国学校设置的必修科目比国外学校多很多。这么多的科目，不论哪一科学生都要认真学习。正如每种食材都有自己独特的味道，把这些食材混合在一起就能做成美味的拌饭，韩国学校施行的正是这种“拌饭式”教育。在众多学科当中，学生不能偏科。只擅长某一科或是只有某一科不擅长，学校给出的总体评价都会不尽如人意。

韩国人的“杂食性”和文化

韩国人的“杂食性”也体现在他们全盘接受外来文化的态度上。

韩国人一般是早上吃泡饭，中午用炸酱面凑合一顿，晚上吃西餐；或者是白天吃荞麦面，晚上吃日本寿司；再或是白天吃意大利面，晚上吃咖喱饭。这种饮食构造上的国际性和他们全盘接受外来文化的教育构造不无关系。

韩国教育的划一性、一致性也和他们的饮食构造很相似。

美国的小学、初中、高中教育的学制以 6 年・3 年・3 年的形式居多，但根据各地实际情况的不同，也可以是 6 年・6 年制，或是 8 年・4 年制、5 年・3 年・4 年制、4 年・4 年・4 年制。而韩国则全部施行 6 年・3 年・3 年学制。

韩国学校的学生一律都能正常升级；法国学校与之不同，留级生和跳级生比正常升级的学生多。一个年级只有 50％的学生能正常升级，30％的学生要留级一年，10％的学生要留级 2 年，剩下的 10％是跳级生。当然，韩国也不是完全没有留级的现象，但那属于极个别的情况。

英国任何一个学校的教育课程都是在校长的指导和监督下设置的，因此，英国的学校可以根据各自的具体情况施行适合自己的特色教育。但是在韩国，教育法和相关条例明确规定了学校教授的科目、授课时间等，全国都按照同一个标准执行。

这种整齐划一的教育和韩国的饮食构造很相似。韩国人摆宴席，准备的菜肴千篇一律、毫无新意，人们只能被动地吃这些早已准备好了的东西，没有选择可言。可以说，正是这种不考虑吃饭人的饮食习性、嗜好，整齐划一的饮食构造造就了这样的教育形态。

美国人的爱情哲学

为什么美国人执着于“爱”，而韩国人专注于“情”？

漂洋过海前往北美大陆的早期美国人大都是孤身一人。他们或因本国的政治、宗教迫害而出逃；或是触犯了法律，为逃避责罚而亡命。总之，他们都是由于某种原因，不得不背井离乡，寻求新的土地的人。因而，其中大部分人都是孤身潜逃的男性。

在这种情况下，新大陆上的女性就显得弥足珍贵。一般来说，女性比男性保守，她们不会对残酷的荒野生活有憧憬。即使有少数女性渴望那种生活，也不会仅仅凭着开拓精神就冒着生命危险，远走他乡，漂洋过海。所以，在新大陆，女性具有不可替代的珍贵价值。

古今中外，女性作为男性的人生伴侣，生儿育女，操持家务，维持家庭的和谐，是家庭里最珍贵的人。因此，美国人对女性的崇拜有着很深的渊源。

这种崇拜不同于欧洲社会的贵妇人崇拜。在美国历史的前半期，黑人奴隶未到、工业革命开始之前，女性仍然背负着沉重的家务负担。这一时期，美国工人的妻子被认为是勇气和实力的化身，比世界上任何一个地区的女性都更受尊崇和爱戴。

现代美国女性活跃、外向、强势的性格正是源于这种文化传承。在寸草不生的荒蛮之地，她们和恶劣的自然环境抗争，白手起家，开拓大陆。她们推着小货车，横跨大陆，和男人们并肩作战。现代美国女性为爱痴狂也是受到美国初期文化的影响。美国女性对爱的执着，令她们强烈渴求"爱"，并为之赌上生活的全部意义。

就算是夫妻吵架，美国女性也无法像韩国女性一般离家出走。因为她们没有随时可以收留自己的娘家，也没有倾听她们哭诉的兄弟姐妹。在初期，美国人都是无亲无故的孤儿，男女关系也是个人与个人，即孤儿和孤儿之间的关系。结婚也是没有任何约束的个体和个体的结合。

与旧大陆不同，在新大陆上，家世、身份和金钱都失去意义，"爱"是两个年轻人结合的唯一理由。也就是说，爱是美国男女之间的粘合剂。在欧洲或韩国，即使没有"爱"，也有家世、身份、依存、父权等各种粘合剂，"爱"并非两个人联系在一起的充分必要条件。相反，因为其他因素而结合的概率更大。但是，在美国，"爱"却是独一无二的粘合剂，所以人们只能专注于这唯一的手段。

女性的这种珍贵价值和男女粘合剂的单一性，使得美国人对"爱"有一种不变的执着。美国这个国家的特别之处在于：这里汇聚了来自世界各个角落的不同民族和不同人种的人，仿佛一场盛大的人种博览会。他们的宗教信仰各异，却在这块土地上相互融合、相互渗透，共同生活。

正是由于美国的人种众多，所以无形之中形成了森严的身份等级制度。例如，信奉新教的英国籍白人是最上层的阶级，他们被统称为“WASP”；往下依次是信奉天主教的白人、犹太人和有色人种，各阶级之间有着严格的区分。即使同属于“WASP”这个阶级，福音传道派也比卡尔文派地位高；同样是信奉天主教的白人，法裔白人又高于意大利和西班牙后裔。犹太人中，也是革新派比保守派地位高。有社会学家说，如果按照这种方式进行细分的话，美国有36个阶级。

世界上所有的人种和种族构成了这36个阶级，共同生活在美利坚这个国度。因此，在美国，各种族、阶级之间的通婚也是人之常情。但是，由于美国又是人种和阶级差别很大的国家，所以，在同种族、同阶级的社会中，人们对这种通婚仍然十分排斥。

惟有爱情，是不同种族的两个人不顾家人反对、顶住种族和阶级的压力毅然结合的粘合剂。肤色、宗教、语言，甚至生活习惯都不相同的两个人结合，如果没有爱情作依托，婚姻是无法维系的。

因此，美国人只能反复地确认爱情的存在。他们早晚重复说“I love you”，不是为了进一步加深爱情，而是为了紧紧抓住爱情。因为对他们而言，如果没有了爱情，婚姻便会成为一纸空文，凄凉而不幸。

美国的家庭是以夫妻为中心的横向式结构，韩国的家庭结构则以父子或母子为中心纵向展开。从这种家庭结构的差异中，亦能理解美国人在日常生活中，爱情浓度高于韩国人的原因。

韩国人结婚生子后，婚姻关系在原有的基础上增加了父子、母子的关系。在韩国家庭里，以儿子为基准，把妻子称为孩子他妈，把丈夫称为孩子他爸。这种称呼方式正是由于儿子成为维系婚姻的纽带及基础而产生的。而在美国的家庭中，即使夫妻有了孩子，也不会称呼对方为“孩子他爸”、“孩子他妈”。是John和Lucy结婚，并不是孩子他爸跟孩子他妈结婚。他们的婚姻是由于Lucy爱John才得以维系，并不是因为John是孩子的父亲。

美国小孩称呼爸爸、妈妈为“dad”、“mom”，但是偶尔也会直呼他们的名字“John”、“Lucy”。之所以这样称呼，是因为他们从小就意识到母亲在身为自己母亲的同时，也是名为Lucy的“个人”。所以美国的孩子从小就有离开父母、自己独立的倾向。

归根结底，在婚姻和家庭生活中，他们重视的还是夫妻关系。所以作为粘合剂的爱情，在今天的美国依然那么重要、那么日常化。在这种情况下，如果爱情冷却了，婚姻便如敝屣，随手可弃。

美国人对爱情敏感的另一个原因是他们比韩国人更加孤独。

他们中的大多数人即使去酒吧也是自己喝酒。与其说是享受寂寞，倒不如说是借酒浇愁以忘却孤独。

孤独的普遍化引发孤独和孤独之间引力的普遍化，这种引力正是爱。爱和孤独成反比，越是孤独的人，其得到的爱就越小。

美国人不是因为文明的惠泽而在情场上自由驰骋，爱得死去活来，而是美国这个国家的社会条件使他们不得不为爱癫狂。

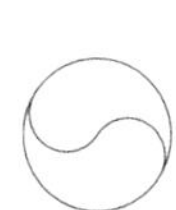

韩国人与美国人的减压法

进到美国的酒吧，你会惊讶地发现不时有气球的爆炸声传来。循声望去，便会发现这不是哪个年轻人无聊的恶作剧，而是独坐吧台的严肃中年人：面前放着他的酒杯，手里正抓着气球一个个地戳破。这情形显然与中国人大放鞭炮的喜庆寓意相距甚远。

在圣弗兰西斯科郊外的一家小酒吧的前台，专门有气球出售。这些气球的表面画着形形色色的人脸，如长相凶恶的老巫婆，秃头男子等等。想戳气球的人可以各取所需，一边喝酒，一边戳气球。

跟妻子闹别扭的丈夫会选择印有巫婆脸的气球，跟职场上司有矛盾而无处发泄的人会选择印有秃顶男子脸的气球。他们通过戳气球来排解各自的愤懑和压抑。也就是说，气球被当作某个具体的人，所以戳破气球便成为人们发泄不满的间接手段。

有一次，我去某个酒吧，偶然看到天花板上挂着练习拳击用的吊球。我理所当然地以为是拳击手经常光顾这里的缘故，这个想法却引来一阵哄笑。原来吊球也是为人们消除压力而设。把吊球想象成自己讨厌人的脸，不停地击打。这种行为甚至衍生出了“酒吧的吊球”这么一个俗语，借指“老鼠过街人人喊打”的处境。

英国在 18 世纪的工业革命中兴起了一种非常有特色的产业。店家提供场所和玻璃制品，供客人们尽情摔打。一般这种店都设在玻璃工厂内或是工厂附近的地方。

在当时,玻璃是靠嘴吹制而成,因此会出现很多残次品。将这些残次品作为人们消除压力的工具再利用,为商家带来了可观的利润。同时,打碎的玻璃碎片又可以重新回到火炉,做成玻璃循环使用,可谓是一举多得的商业战略。

当今社会,人际关系错综复杂。有时尽管生气,也不能轻易说出心里的所有想法。因此,一些难以言喻的纠纷和矛盾必然会产生。东西方这种人际关系的矛盾并无差异,只是对付由此而来的压力各有妙招而已。

当然,在韩国,夫妻吵架时也经常挑选"爆破音"较大的东西来搞破坏。摔锅砸碗,酒吧里也偶有掀桌摔杯的面色不善者。但是这种情况纯属偶然或个别人的习惯而已,并不像美国那样具有普遍性。换句话说,韩国人的这种暴力性发泄行为只属于个人范畴,不像美国销售气球或悬挂吊球那么普遍。

那么韩国人消除矛盾的普遍方法是什么呢?

不管在哪个文化圈,人与人之间都会有矛盾,矛盾必然给人们造成精神上的压力。因此,韩国人也有自己独特的解压方法:在宿敌背后指桑骂槐、诋毁中伤。畅快淋漓地发泄一通,压力也随之缓解。

在背后诋毁中伤他人,无论是从人格上还是从道德上来说,都非光明磊落之举。但是理解这种人际关

系，是理解韩国人和外国人差异的关键。

事实上，在人与人的对话中，最愉快、最真实的对话正是谈论别人。女人们聚会时是对政治或经济方面的话题感兴趣，还是对熟人的八卦感兴趣？答案不言而喻。谈论社会问题时的表情和谈论别人事情时的表情肯定是不一样的。

不仅女人如此，男人也不例外。朝鲜王朝中期，有位叫尚震的丞相。他嗜酒如命，在他的诗中便有这样一句，大意是说纵使有千万种下酒菜，也没有一种美味比得过八卦他人的乐趣。

单位同事们一起去喝酒，也会说："今天我们把×××部长当下酒菜。"不明就里的外国人仅从字面意思理解的话，大概会把韩国人当成是食人魔了。

但是，韩国人却能通过这样的"八卦"消除彼此之间剑拔弩张的紧张情绪，所以不需要戳气球。

其实，将亲密无间的关系定义为"可以共说某人是非"也并无不可。议论他人时一方在发泄的同时并不担心这些话会被泄露出去，而另一方除了保密之外还会拍手赞同。这样一来，彼此会寻找到一种共鸣，关系也由此更加亲密。

正如当一个人神采飞扬地说长道短时，旁人添油加醋说："是的，是的，何止如此，还有啊……"；反之，如果一个人说别人的坏话正说到兴头上，另一个人却阻止道"在背后议论别人是很失礼的行为！"两人之间便立刻如隔楚河汉界，亲密关系也将不复存在。

只是这种在背后说人是非的行为是当场结束的，具有"一时性"。在这一点上，韩国人的"八卦"还是较"理性"的。若是二人的私密谈话泄露到外面，或是传到当事人耳朵里的话，这两个人的关系肯定会立刻疏远。也就是说，背后议论他人并无大过，将其泄露给别人就罪不可恕了。

但是，对于背后议论他人的行为，美国人的思考方式跟韩国人截然相反。美国人从小受到的教育令他们认为在背后议论他人是很卑劣的行径。无论是上级还是老师，抑或是朋友，如有不满就应该堂堂正正地当面解决，在背地里对人说三道四是最令人不齿的。

在美国，如果某人跟一个人说另外一个人很吝啬，即使这个人有共鸣，也会说："在背后这样说别人是不道德的。"不仅如此，为了彻底消除后患，这个人还会提醒被"八卦"者："有人在背后说你坏话，你要注意点儿。"在韩国，这种行为被归为暗中告密，是受人鄙视的；而在美国，这种行为却被看作是对当事人的好意通告。

构筑西方近代化思想的主要因素是新教，而影响美国人和英国人思考方式的主要是清教。清教遵循严格的伦理道德观，绝不容忍背后说人是非的行为。其实，当我们跳出伦理道德的框架，换种角度思考：议论他人也不失为消除人际关系矛盾、舒缓压力的便捷手段之一。事实上，那些或大或小的欲望和不满也通过这种形式最终得以化解，烟消云散。

韩国人这种可以在背后说人是非的文化特性，也许正是他们精神疾病或神经衰弱症的发病率低于西方国家的原因之一。因为,人们在人性的缺陷或弱点层面上被联系在了一起,彼此宽恕。这种人与人之间的关系也能称得上是韩国人际关系的特性。

如果席间对他人的诋毁程度不断升级,在到达一定界限时,情况也会发生逆转。这是韩国人在背后说三道四这种行为的人性化的一面。当彼此都觉得说得太过分的时候,他们就会说“其实那个人也有这样的优点”,“在那样的环境下谁都会变成那样的”等等诸如此类的话,以示对当事人理解。所以也会出现这种回归人性,最终停止对别人说三道四的情况。

美国人仅仅因为错误的天气预报就可以义愤填膺,一边晃着身子喝酒,一边嘴里还念念有词地戳破印有巫婆或秃顶老头像的气球。这样的行为也许从道德上来说无可厚非,但是从人性角度来看,美国人也有难以言喻的悲哀吧。

韩国人的末班车意识

我们天天都和韩国人生活在一起，因而从未发觉我们的步伐是何等匆忙。但当西方人透过宾馆窗户，看到人行道上的韩国人，就像是无声电影里的人物一样行色匆匆，"会留下深刻的印象"。

地铁的出口或是台阶上，人们无一例外匆匆疾行；绿灯初亮的十字路口，人们也都是一路小跑；甚至在昌庆园(现昌庆宫)或是儿童公园，人们也都是行色匆匆。仿佛一场集体竞走比赛，人们你争我赶，唯恐落后。

地铁进站，人群争先恐后地涌向检票口。人们明明知道，就算是匆匆挤到检票口也是要排队按顺序出去，但仍然是慌慌张张，唯恐落后。

其实，并非所有人都有那么多急事赶着去张罗。只是韩国人这个集体似乎有一种"魔力"，让目的地各不相同的陌路行人都加快脚步。这既非形势所迫，也非大家的有意识行为。在这个集体内，大家有一个共识：不能落后于他人。每个人都不知不觉地遵守着这个规则。事实上，这种争分夺秒的处事方式对于日常

生活乃至人生设计来说，并不可取。相反，甚至有可能带来副作用或造成损害。但是韩国人连思考这些问题的时间都没有。

不管匆忙与否，奔跑与否，也不管地铁站里的人是萍水相逢，还是旧友同僚。大家被“不能输给别人”、“不能错过车”的观念支配。他们的理性被麻痹，个性和创造力被腐蚀，变得盲目从众。

其实，在大街上匆忙赶路这种行为本身是无可厚非的。但是如果把“不要错过车”这种理念的本质投影到出仕、升职或教育上的话，其危害就不可估量了。

别人的子女都能坐上车而自己的孩子却没坐上，这件事如果按照韩国人“不要错过车”的意识结构来解读，是绝对不能容忍的。

无论这班车后还有多少车，错过眼前即意味着“GAME OVER”，这是“终结感”在作祟的缘故。正如“离开”对韩国人来说意味着“诀别”，眼前错过的班车就是再也无法挽回的“末班车”。

如果自己的孩子没能升级或升职，父母受到的打击是无法言喻的。这是因为父母觉得孩子未来的机会只有一次，若失之交臂，便再也无法获得。

美国的嬉皮文化

在美国,各个地方都有志愿为外国人当向导的组织。

我去俄克拉荷马州的时候,就是这些组织中的人为我做的向导。这些志愿者大部分是中产阶级的中年妇女,她们的子女已成年独立。带我去农场的罗格女士便是一位 53 岁的志愿者,同行的还有她的律师丈夫,以及他们 18 岁的女儿。

我们从农场回来,刚进入市内就下起了倾盆大雨。这时,坐在后座的女儿突然看到了一个正在过人行道的长发青年,于是她连忙让妈妈把车停了下来。

车还没停稳,她就跑进了雨中,上前给了那个长发青年一个大大的拥抱,接着把他推到墙边,用双臂紧紧环绕着那个年轻人,一阵热吻。他们就这样在大雨中亲昵了 15 分钟,这一幕令我震惊。但是罗格夫妇的态度却令我更震惊,因为这对夫妇露出了欣慰的表情。

于是我问那个年轻人是不是他们女儿的未婚夫。罗格夫人摇头说不是,只是前一天晚上去他们家玩的女儿的男朋友。这对夫妻目睹这样一幕还能面露欣慰，这已然超出我的理解范围，于是我追问道："对于那样的举动，做父母的不觉得有责任吗？"罗格夫人的回答很简洁："那是他们两个人的自由。"之后这对夫妇便开始讨论前一天晚上的炖肉如何美味，完全投入到了他们自己的话题之中。

其实，受到冲击的只是我这个局外人，西方人很坦然地接受了这种行为。在他们的文化中，父母不会随意干涉子女，子女充分享有独立和自由。因而，这样的行为也只可能出现在他们的文化中。在不同的生活文化圈中，青少年的独立与否决定了他们行为方式的差异。源于这一幕的启发，我开始把青少年这种行为方式的差异作为比较文化的一个典型。

美国的嬉皮文化即为青少年独立自由的"代表作"。

有一次我在旧金山的名胜金门大桥附近散步，突然眼前出现两个衣衫褴褛、上身裸露的嬉皮男女在互相热吻爱抚。我因为非礼勿视，条件反射般转过头，他们旁边却有个两三岁大的孩子正在玩泥巴。

给我做向导的那个志愿者说："就算您走到他们旁边跟他们搭话，他们还是会继续亲昵的。"说着就把我推到了那边。果不其然，那一对男女一边回答我的问话，一边依然"风光旖旎"。

通过对话我得知他们的家住在奥修贝尔里街上，共有五男三女同住。他们中谁和谁是一对并没有确定，其中两个女人生了孩子，这五个男人便是孩子们共同的父亲。他们靠给人刷墙、打零工维持生计，生活非常拮据。偶尔他们也会摆上佛檀，点上中国香，进行坐禅，不过也是随性而为，并没有严格的规定。当他们觉得厌倦便出去讨饭，过个几天再回去。更令我惊奇的是，他们都是从年收入两万美元以上的中产阶级家庭中离家出走的青少年。

当然，也许从某种意义上说，包容这种生活方式的社会可以称得上“人间天堂”。在这里，没有社会或家庭的约束，也没有清教的禁欲主义，更没有美国社会“狗咬狗”的惨烈竞争，取而代之的是大家相濡以沫、同舟共济的和谐。

德国学者马克思·贝博指出，快餐式的生活态度不断培养禁欲而内向、争强好胜的人，淘汰不能承受压力的人，造就出懦弱的人。嬉皮士的懦弱如同生长在美国阴暗角落的毒蘑菇。而且，他们中的大部分人都是中产阶级家庭里的逃兵。由此看来，美国青少年之所以成为嬉皮士，美国的家庭结构难辞其咎。

在韩国，离家出走的现象也时有发生。但是，这种离家出走或缘于家庭贫困，或因为城乡的贫富差异，又或者因为无法达到父母的要求不得已而为，与嬉皮士有着本质的不同。嬉皮士所谓的离家出走就是与父母彻底划清界限，与同样遭遇的孩子共同生活。

简而言之，韩国人的离家出走是情非得已，而美国人的离家出走是心甘情愿。美国人把青少年看作独立的一个群体，因而青少年有选择离家出走的自由。

另外，美国的家庭以夫妻关系为中心。所以孩子

们从小便被赋予独立的空间，他们独立的行动同样受到尊重、保护。与之相比，韩国的家庭则以母子关系为中心，将子女和母亲视为一体。因此，即使长大成人后，孩子也还是很依赖母亲。

“直接”文化？“间接”文化？

社会学研究中有一个名为交际学的领域。它的意思是“社交、社交性”，这个领域专门研究人作为社会性动物在彼此接触、联系中发挥的能力，以及有关制度、习惯等。

在交际学领域中，韩国和西方有着本质区别。例如，当A与B想要互相认识，西方人会采取A+B的直接接触方式。韩国人却与之不同，A、B两个韩国人肯定会找个中间人C为双方搭桥牵线，用公式表示就是A+(C)+B的接触模式，即他们通过中介人来互相接触。

这种本质差异将东西方的交际文化一分为二：中介靠边站的“直接”文化和中间人必不可少的“间接”文化。

不仅是西部片，美国的很多电影中都经常出现这样的场面：初次见面时，互不相识的人们通过直接自我介绍，很简单就认识了。

一方简单自我介绍：“我是来自德克萨斯卖牛的吉米。”对方则回答：“我是来自斯普林菲尔德的鲍比，我的职业是保安。”就这样，双方通过直接交流的方式相识了。

有一次，在波士顿的地铁上，旁边的一个中年人问我是不是韩国人，我回答说是的。他说：“我叫温达尔，曾在韩国乌山工作过，见到你很高兴。”说着还主动跟我握了手，就这样我们算认识了。在派对上，美国人也经常走到陌生人面前自我介绍，通过这种直接接触的方式认识朋友。

与之相比，如果韩国人中间没有介绍人的话，彼此很难相识。他们认为冒昧地直接跟对方接触是失礼，甚至是寡廉鲜耻的行为。

即使有非常想结识的人，韩国人也不会像美国人那样直接上前搭话，而是先找一个中间人作介绍。所以，这个中间人的分量很大程度上左右了被介绍的两个人的关系。举例来说，当 A 与 B 存在金钱关系时，考虑到介绍人 C 的面子或威信，A 也许会放弃对 B 的正当金钱要求；或是两人之间产生了矛盾纠纷，为了顾及中间人的面子，双方也会隐忍退让。就这样，这个不在场的介绍人起了缓和矛盾，维持和谐的作用。

人们通常认为，新时代的婚姻应该通过恋爱自由结合，红娘牵线已经是老掉牙的旧时代故事。但是，仅仅以新旧时代的差异为其下定论实在有失偏颇，应该从文化角度来细细考量，探究这一现象究竟是“直接”文化还是“间接”文化的产物。在美国社会，自己若不去大胆追求，后果便是错失最佳婚龄，成为大龄青年。在他们的社会里，“剩男”“剩女”一概被认为是对婚姻没有信心或者没有出息的人。不管怎么说，不能结婚是他们自身的原因。在“直接”的社会氛围中，他们是竞争的失败者。

但是，“直接”文化在韩国未能生根发芽，相反，“中介”这种传统文化氛围却非常浓厚。所以，子女一旦到了婚龄，父母就会很着急，因为“中介”的责任在于父母。

也就是说，在美国，不能结婚是因为自己没出息；而在韩国，不能结婚却被归咎于父母没本事。

在从前，同村的两家人即使深知对方的为人品性、家庭背景，甚至连对方身上长了几个疤都了如指掌，两家的父母也不能直接商量婚事。一定要找个媒人，委托她撮合婚事。没有媒人的婚姻被人们认为是“野合”，是违背道德、越礼逾矩的行为。通婚范围扩展到村落之外以后，媒人的作用就更不必说了。

买卖东西也是如此。买方和卖方直接联系进行交易是西方的交易风俗。在他们的商品流通中尽可能地减少了中间商和中间利润。无论是车、房还是土地，只要有出售的意向，就可以贴张“For sale”的告示直接寻找买家。或者用“慈善义卖”、“二手货出售”等形式来把自己不需要的东西拿到停车场，直接卖给有需要的人。在学校的告示栏中更是随处可见出售二手书的广告。

招聘也并不通过职业介绍所这样的中介渠道，而是需要人手的雇佣者在家门口贴告示或是在报纸上登广告，以便和有意向的求职者直接联系。

当然，西方国家也有房地产介绍所之类的中介机构。但是，这类中介机构是人们的次要选择，只有在买卖双方无法进行直接联系的情况下才会被采纳。

又或者，面对需求很少的大宗财产买卖，或是由于时间紧迫需要尽快完成交易时，人们也会选择中介机构。在中介文化发达的社会里，二手家具卖给二手货回收商，旧书卖给二手书店，二手车卖给二手车销售中心，这样的行为已成为人们约定俗成的一种惯例。这与美国的流通概念有着本质上的差异。

韩国在很久以前就有通过中间商进行交易的传统。以前，人们就是买卖一升豆子或一头猪都要委托村里的常驻中间商。因此，在买方和卖方直接见面的市场上，其实都是由中间商在进行交易。

粮食买卖时有粮食中间商，买卖牛、猪等牲畜时，中间商的作用亦更不可忽视，甚至有时还有个"托儿"依附着中间商。所以，可以说韩国的市场交易已经无关买卖双方，而是由中间商们全权做主的交易。

韩国社会理想之人？

我在美国的时候参加过几次宴会。其中令我印象深刻的是参加宴会的残疾人的精神状态，以及健全人对待残疾人的态度，跟韩国截然不同。

我印象最为深刻的一幕，是一位腿脚不便的学生跟其他的学生一起进行激烈讨论的场景。那些健全的学生或弯下腰或搬个凳子坐在那位无法站立的学生面前，双方手舞足蹈地讨论着什么问题，气氛非常热烈。也许因为是韩国人的缘故，我觉得那些健全的学生对残疾学生太过分，一点人情味都没有。

美国人认为腿脚不便的人只是腿脚不便而已，与其他无关，他们更不会由此派生出额外的感情。和这个残疾学生一起激烈讨论的人并不因为对方身体有缺陷就投鼠忌器、不敢畅所欲言。这个人的身体缺陷和他是否是正常人的价值判断并无联系。不知道那位残疾人是不是按照自己的方式在调节情绪，反正旁人从他身上丝毫看不出他因身体缺陷感到自卑或是气馁的样子。这一点不像韩国的残疾人，韩国的残疾人身上总是笼罩着一层阴影。

韩国人凡事喜欢追求同一，作为正常人的基本标志身体健全，被人们赋予了极高的价值。如果有人跟正常人不一样，这个人的生活就难免辛苦悲惨。缺手少脚的人被正常的社会关系拒之门外，无奈地接受人们的同情。虽然美国也有“残疾人”这个词，但是它和韩国的“残疾人”却有天壤之别。

在韩国，残疾人一般不愿出席聚会。如果偶尔参加，那么这个聚会就会变成为同情残疾人而举行的聚会。人们对身体有缺陷的人一直抱有同情的心态，这就是韩国的人道主义。但是，同情某人本身就意味着将这个人排除在正常人的范围之外，因此，不仅残疾人自己心里别扭，旁人也疲惫不堪。

正因为对残疾人要费尽心思地表现关心和同情，自然而然地，人们在日常生活中就开始对残疾人退避三舍。其实，那些表现关心和同情的人不过是为了证明自己的亲切和博爱罢了。说白了，就是自私地为自己的同情心创造一个表演的机会。另外，能够同情社会的弱势群体，恰恰证明了自己是正常人，亦能借此获得心灵的慰藉。所以，同情弱势群体，相比真心，伪善的情况会更多。

但是，在美国，像这样的弱势群体，同样是社会的一员，并不是人们同情或疏远的对象。所以，美国社会的残疾人没有自卑感，性格也不会变得乖僻。在日常生活的各个方面，他们和普通人并无区别。他们会很自然地开怀大笑，积极地参与工作。少了一只胳膊的孩子会在棒球比赛中担任投手，拄双拐的孩子也能开心地在接球手身后当裁判。

达尔文的生物进化论提出了“物竞天择，适者生存”的理念。这一理念在文化层面被称为“单极相”，与之相反的“多极相”是指各种生物共同分享一个生存空间的反淘汰生态理论。

说的再清楚些，共处同一生存空间的文化因子ABCDE等，实力最强的C除外，其余都被淘汰出局的文化形态就是“单极相”；ABCDE等各类文化因子都得以共存的文化形态就是“多极相”。比较这两种文化形态，笔者认为韩国社会隶属于“单极相”，英美社会则为“多极相”。在韩国，身体有缺陷的残疾人是被淘汰的对象；而在美国，这些人却能共存，因为美国社会具有“多极相”特征。

不仅仅是残疾人，英国零售商的“多极相”也令人惊叹。举个例子，即使是同一品牌、同一净含量的威士忌，根据街道、销售点的不同，价格也各不相同。这种情况若出现在韩国，消费者必然只光顾价格便宜的店。也就是说，价格稍贵的店最终会因顾客稀疏而关门大吉，整个市场会呈现价格便宜者独霸天下的单极化趋势。

但是在英国，顾客并不只根据价格选择商店，他们有自己常去的“老地方”。店家对这些常客的喜好了如指掌，并根据喜好和品位的不同提供相应的服务。这些店当中，有些甚至是一个家族上下几代都一直光顾的地方。

因此，对于他们来说，商店不仅是卖东西的地方，更是一处理想的社交场所。同样的商品，很多顾客宁愿到“老地方”排队等待，也不愿挪步去别处买。而且

经常能看到商店主人跟已买好东西的顾客悠闲聊天的场面。排队的顾客并不因此而焦躁不安，大呼小叫，而是一边排队一边加入到店主的话题之中。

英国人喜欢用烟斗抽烟，售烟的商店就根据顾客的喜好为他们配制烟叶。在苏格兰的一家酒吧，店内放有一个木桶，里面装有单一麦芽的威士忌酒浆原液，店家可以根据顾客的口味当场为他们调配不同的酒。所以，顾客不会因哪家店的价格便宜就轻易变换自己的“传统”。零售商之间不存在竞争淘汰的恶性关系，因而能够相安无事地共存发展。

点心店和面包房每天也都是定量生产、限量供应，东西卖完就打烊，不会再额外烘焙糕点，也不会因为味道佳、销路好就像韩国那样分店、连锁店遍地开花。

多极相的经营理念集中体现在订单式生产、订单式销售上，即接到顾客订单后再生产销售。英国的书店就是很好的实例。

除了在伦敦的几个大书店，英国的其他书店的书都少得可怜。可不要因为书店的书少就误以为英国人不爱读书。英国人是世界上读书最多的民族——这可能跟他们漫长无聊的冬季也有一定关系。他们把自己需要的书目告诉常去的书店，书店再向出版社订购，最迟两三周就能到货。书店通过顾客预订的形式销售图书，所以就没必要在店里摆那么多销路未知的图书。

英国最值得骄傲的订单式产业大概非劳斯莱斯汽车莫属。劳斯莱斯汽车公司没有库存，都是消费者预订之后才开始生产。

据说一个很富有的美国人曾经写信给劳斯莱斯公司，请他们说明一下劳斯莱斯汽车的性能。但是，公司的答复只有短短的三个字：

"As you like."也就是说,劳斯莱斯汽车没有固定的性能,公司按照消费者的需要为其度身订造。这是一则讽刺劳斯莱斯公司订单式经营的故事。在这种订单式产业占主导的社会里,由于没有竞争,消费者运动也没有立足之地。

多极相社会和单极相社会的形成取决于这个社会究竟是尊重个性还是尊重平等同一。

韩国社会的基本单位是农耕村落共同体。在这个集体里,人们把四肢健全的一般人看成最理想的人。处于一般水平以上的,如过分强势、过分优秀的人,会成为人们孤立的对象;反之,处于一般水平以下的人也会受到孤立。俗话说,树大招风,枪打出头鸟,所以普普通通的平凡人最受欢迎。也就是说,在"人云亦云"的社会主流价值观下,追求特立独行的思想必然遭受排斥。

韩国人这种"随大流"的价值理念决定了他们的社会形态。韩国社会是由平均文化、平均价值和平均的普通大众构成的单极相社会。相反,尊重个性的社会排斥平均,提倡文化、价值和人的多元化发展,因此,他们的社会形成了"多极相"文化形态。

将单极和多极作为比较文化的尺度,不仅可以从中找出韩国文化与其他文化的本质差异。从长远来看,它甚至可以成为建设未来韩国的重要理论。

高丽瓷器独创工艺失传的原因

英国著名的推理作家科尔，也是一位经济学家，还曾担任过经济内阁成员，可以称得上是一位复合型的专业人才；而以《不确定的时代》闻名于世的加尔布雷斯不仅是一位经济学家，同时也是为人类学做出过重大贡献的人类学家；同理，丘吉尔既是军人又是政治家，同时还是出色的画家；帕德雷夫斯基是总统，也是钢琴家、作曲家；马尔罗的经历更是多姿多彩，他囊括了作家、游击队员、政府官员、美术评论家、飞行员等等头衔，甚至包括偷窃犯。

谢里曼从一个给别人打零工的小商人起步，最终成长为圣彼得堡国际银行的总裁。他精通英语、法语、波兰语、古希腊语等多种语言。在学习希腊语的过程中，他萌发了寻找古代传说中的城市——特洛伊的想法。他坚信特洛伊不是神话传说里的城市，而是确实存在的。于是他组织了一个挖掘队，最终发现了这座深埋于地下的城市。他是一位成功的实业家，同时也是近代考古学的开山鼻祖。

像这样，西方的专业领域从不存在"欺生"现象，任何人都可以自由出入任何一个领域。相比之下，韩国人却为专业领域的"欺生"所累，只能一条道儿走到黑，因而人生也大都单调而枯燥无味。而且由于各专业领域的知识无法融会贯通，人们很难提出伟大的构想。即使有不错的构想，只要与他人领域发生冲突，则会被有意无意地扼杀在摇篮里。

韩国人的这种“专业意识”是阻碍文化传承的消极因素，它使文化传承心有余而力不足。在韩国历史上，很多文化技艺仅在当代流传，最多传到下一代，这已经成为历史惯例。高丽陶瓷的烧制工艺失传就是典型的例子。由于“专业意识”作祟，人们对于千辛万苦获得的秘方，只愿意独自珍藏。于是，他们便草木皆兵，疑神疑鬼，不容许外人靠近半步。等到这位固执的手艺人百年之后，后继无人的独门手艺自然失传。即使秘方传给了自己的后代，这种垄断性的“专业意识”也会使秘方的传承像蜘蛛丝一般愈来愈纤细脆弱，最终不堪重负。

即使是如日本这样的近邻，也没有像韩国这样的专业垄断意识。日本有种“家元”制度，是指师傅将自己独创的秘方或工艺传授给众多弟子，一代一代不断传承，使之绵绵不绝。

所以，由韩国传入的陶瓷工艺在日本被发扬光大，在韩国却日渐没落。

向自己人做推销最好！

我们可以将整个社会分为两个集团，一个是内集团(ingroup)，一个是外集团(outgroup)。简单来说，内集团指的是“熟人”，外集团指的是“陌路”。从人际关系上来看，不论远近亲疏，只要能和自己扯上关系的人都属于内集团；反之，和自己没关系的人都属于外集团。

内集团和外集团的分界线犹如一堵无形的“墙”，这堵墙的高低薄厚因民族和文化的不同而千差万别。

从现代房屋的构造来看，韩式房屋的墙又高又厚；美式房屋的墙则又矮又薄，有时甚至直接省略，似乎仅仅作为一种象征，意思意思罢了。

墙很薄，说明人们对内外集团的区分并不严格，不会感到太大的亲疏差别。当然，与陌路人相比，自己熟知的人总会更有亲近感一些，但是这并不意味着疏远和孤立那些不认识的人。

举例来说，假设在美国的一家宾馆里，下楼梯的时候我和一个美国人“狭路相逢”。虽然我们从未见过面，但是这个美国人会友好地向我问好。像这样，美国人总是很自然地向外集团的人主动示好，表示亲近。

同样的情况，如果在楼梯上遇到的是一个不认识的韩国人，同为韩国人的我像美国人那样跟人家“Hi”、“Hello”一番，那个人要么觉得我精神不正常，要么认为我心怀不轨，反倒会心生警惕，对我防备起来。

在空间狭小的电梯内，韩国人总是东张西望，不知道该把视线聚焦到哪一点上。

但是，和陌生的美国人一起乘电梯时，他们会向你耸耸肩，或者做个鬼脸、招招手，总之不会像对待陌路人一般冰冷尴尬。这也是因为他们习惯对外集团的人表示友好。

与之相比，韩国人的内外集团之间高"墙"耸立，他们对外集团的人充满警惕。所以对于外集团的人是死是活、孤独与否等情况，他们全都采取"事不关己，高高挂起"的漠然态度。

这是十几年前的事了，一名女子在大白天纵身跳下了汉江三桥，路过的行人刚好目击了这一幕，便趴到栏杆上往下看。也许是韩国人的好奇心重，瞬间许多汽车都停了下来，一百多个韩国人团团围在桥边，饶有兴趣地看着桥下那个女子。但是，那么多的围观者中竟没有一人挺身而出。

这时，刚好美军第八军的一名军官乘吉普车经过此地。见众人围观，他也把车停了下来，想探个究竟。当发现女子正在水中挣扎时，他急忙跑到桥的下方，脱掉上衣，跳到河里救起了奄奄一息的女子。当时的新闻媒体着力报道了这一事件，美国友人的见义勇为更加凸显了韩国人的冷漠无情。

笔者在此旧事重提，既不是想赞扬美国人的见义勇为，也非批评韩国人的冷漠无情。如果跳江的女子与桥上看热闹的一百多人中的某一人有关系的话，事情可能就截然不同了。如果她是某人的同事，如果她是朋友的妹妹，换句话说，如果她属于我们的内集团，那么肯定会有人下水救她。然而，很不幸，她不属于我们的内集团，她只是和我们毫无关系的外集团的人。所以，人们才会看着这一幕悲剧上演而无动于衷，眼睁睁地看着她在水中挣扎却无人搭救。

那么，这就给人们留下了另一个疑问：为什么美国人会救这个外集团的人呢？原因就在于，美国人对内外集团的区分并不像韩国人那么严格。

韩国人的公共意识不强，所以他们不遵守秩序，对于公害问题也不敏感。毫无负罪感地乱扔垃圾、随意排放污水亦是源于这种内外区别意识，对那些不道德、不文明的社会恶习不如西方人那么敏感的原因也在于此。但是，外集团的人一旦进入到内集团，情况也会随之发生变化。韩国人对集团内部成员大方谦让，甚至甘愿做出牺牲，就算吃点儿亏也不会觉得很委屈。

美国人虽然对外集团的人表示出亲切友好，但是对于内集团的自己人，他们远不如韩国人“有情有义”。对待内外集团的亲密程度的差异有时也会使他们产生心理矛盾。

这是我在纽约的挚友家中亲身经历的事情。朋友登广告出售自己的私家车，有一位看起来很文雅的50多岁的女士到他家看车。得知车主是韩国人后，这位女士非常惊喜。

这位女士说，她的丈夫曾赴韩国参军，她和丈夫10年前还曾去韩国旅行，对韩国有着深厚的感情。这么一位温婉随和的夫人在查看车况时突然变身成为凶悍的"魔女",令我们惊讶不已。她把车内部件一一打开查看,而且一边检查一边用极其刻薄的语气夸大其词地说着车子的缺点。

之后,她给出了一个价格,低于公证评估价的20%。本来我的这位朋友听说这位夫人的丈夫在韩国参过军,她又对韩国有着深厚的感情,已经心软了,心想就算她给出的价格比评估价低10%~20%,也会把车子卖给她,只是没有明确表态罢了。

然而这位夫人后来的态度,使得朋友一口拒绝了她的还价,交易没有做成。本来,这位夫人已经触发了我朋友的"同类意识",甚至将她算作自己内集团的一员,准备在经济上做出让步。但是这位夫人变身"魔女"之后,朋友只得把她重新纳入外集团。交易失败后,她又从冷酷无情的"魔女"回归到了之前那位温文尔雅的夫人。她说等她最小的孩子毕业后,她和丈夫还要再去韩国旅游,还再三强调了自己对韩国的热爱之情,然后才离去。

从这件事中,我们能清晰地感受到"内外"差异不大的美国人,与"内外"界定严格的韩国人之间细微的文化冲突。

做推销的时候,美国人不会在意顾客是属于内集团还是外集团,因为没有什么差别。但是对于韩国人来说,内外集团的差异就极其巨大了。如果顾客把推销员看作外集团里的人,那么推销员在推销商品的时

候，顾客会抱以不信任的态度看待商品。但是，如果顾客把推销员看作自己内集团里的一员，就会在信任的前提下观察、了解商品了。而且，如果推销员打进了顾客的内集团，在交易时，顾客就算吃点亏，也不会介怀。

同理，买卖东西时，推销员把顾客看成“外人”，然后向其推销商品。这样的做法与先将顾客“内部化”再向其推销商品也是截然不同的。对于韩国人来说，他们的“同类意识”是造成这种差异的最大因素。

再来看韩国的人际关系。假设两个人的关系是在外集团中结成，那么这段关系将迟早“夭折”。换句话说，也就是韩国式的人际关系只有在内集团中缔结才有可能牢不可破。即先打进内集团，再缔结“同盟”，这已经成为韩国式人际关系的法则。

但是想要从外集团进入内集团需要坚持不懈的努力，因为内外之间的“墙”太高太厚。下面，我们看看成功打破这堵墙进入内部集团的例子。

20 年前，在单位吃午饭是件令人头疼的事。当时的工资低，每天光顾外面的餐馆显然是不实际的，拿着寥寥可数的工资也不好意思让妻子每天都准备丰盛的盒饭。有个中年大婶瞅准了这个空当，每天向我们公司的员工提供价格便宜的盒饭。

这个大婶有时提个泡菜桶，免费给我们提供泡菜；或有时提着水壶，给我们倒冰水。她不仅仅卖盒饭，还给予我们很多关怀，所以在我们公司备受欢迎。不仅如此，她还为公司同事做过媒，给一个同事的妻子介绍过兼职；甚至有个同事的妻子生完孩子，身体不好，这位大婶还给她开过韩药。对于我们来说，她已经超越了盒饭大婶的界限，成为了解我们的家庭情况、经济情况的“自己人”。

几个月之后我们才知道这位盒饭大婶其实是生命保险公司的生活设计师，卖盒饭只是为了混个脸熟、培养感情罢了，推销保险才是她真实的职业。即使是这样，她也不会硬拉我们加入保险，而我们因为和她建立了友谊和感情，只能主动自觉地入保了。她的这种行为与其说是为了推销保险而伪装出来的，倒不如说是根据韩国人的天性而设计出来的提升业绩的妙计。结果，这位盒饭大婶的保险业绩位居保险公司生活设计师首位，她的收入也因此超过了公司理事。

下面我们再来看另外一个巧妙利用韩国式人际关系获得成功的实例。

这是我从某著名棒球高中的体育主任那儿听来的故事。

那所高中的一名毕业生进了一家体育器材店做推销员。有一次这个学生来学校看望老师，说是刚好路过就来母校看看。之后，每过一段时间，就在人们快忘记他的时候他就会出现。每次都是站在旁边，别人说话时他也会插几句。有时候也陪老师们下下围棋，只是从来不提推销体育器材的事情。老师们也只是觉得他有点奇怪，但还是对他有好感，关系越来越亲近。

就这样，大概过了半年，有一次学校急需几双跑

鞋，就向他订了货。之后，凡是学校有急需的物品，或是当场无法支付现金的体育器材全部都交由他供货。就这样一步一步结缘，到后来，学校所有的运动器材都包给了他。

这个人对于老师们私下赊账买的东西从来都不催着付款。如果有老师问起“好像欠的有不少了呢，总共多少钱?”他下次再来的时候最多会说句“钱什么时候还都行，但这是底线了，不能再多赊了”。

就这样过了 5 年之后，他们向银行办理贷款手续时甚至相互出面做担保，二者之间已经超了单纯的推销员和顾客的关系，发展成一种人情关系。

从这几个故事中我们能够看出韩式人际关系的独特存在方式。

现在将形成这种关系所需的条件整理如下：

① 频繁接触，并保证充分的接触时间。

② 保持有私人性质的、人情的交往。

③ 尽可能地发掘彼此的共同经历。

④ 了解、把握彼此的性格及个人情况。

⑤ 彼此形成一定的安全感和好感。

由此可见打破内外界限、进入内集团的艰难。

即使费尽心机地挤进了内集团，想要在纷繁复杂的现代社会里维系一段长久的亲密关系也非易事。

另外，根据对象的不同，虽然有的也需要通过长期接触，费尽心力地打破隔阂，但简单的通过触发对方的同类意识，来避免对方的敌意和不信任感，也未尝不是有效的方法。虽然不可能因为触发了对方的同类意识就马上变得很亲密，但是至少在消除敌意和不信任感的层面上有着很好的效果。

在现代社会里，与陌生人的各种接触不可避免。因此，与他人建立起"内部人"的关系，对于提高社会的管理效率将起到举足轻重的作用。

2

女性主导型国家

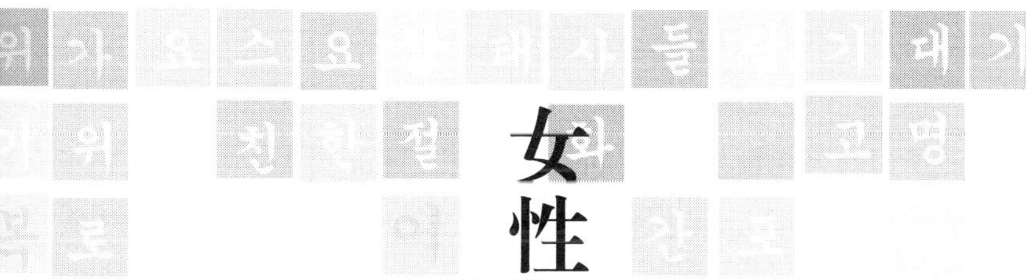

不爱斤斤计较的韩国人

一位即将赴巴黎大学任交换教授的朋友，请了一位在首尔的法国女子当自己的法语指导老师，薪酬以小时计算。

这位 30 岁不到就离了婚的法国女子拜托我的朋友做她的首尔向导。所以在佛祖诞辰日时，朋友带她去了寺庙，之后又去了民俗村参观。在规定的学习时间结束后，这两人还经常结伴，或去欣赏判素里（韩国的一种民间说唱艺术）演出，或去啤酒屋小坐一番。于是两人很快亲近起来，成为无话不谈的亲密朋友。

可是到了月末结算工资的时候，却发生了一件令人哭笑不得的事情。我的这位朋友按照事先的合约算好工资，将钱放在信封里递给了那位法国女子。虽然因为对方的私人情况中间缺了几次课，但是朋友并没有计较。

可是从看见朋友把钱放进信封时起，那位法国女子就开始有些反感了。

韩国人不喜欢斤斤计较，所以总是将钱藏在信封里。但是，西方人却喜欢"明算账"。所以，当西方人看见韩国人把钱放在信封里，甚至会产生韩国人想要耍花招的误解。

韩国人把钱放进信封，实际上是一种人情味的表现。因为人情的关系，人们不会当面计算衡量。韩国人从不将具体数字挂在嘴边，更多时候是一边说着“虽然没多少……”,一边将信封递给对方,有时也会说一句“一份红包聊表心意”,有时把红包也只表达为“信封”。这些都是不太斤斤计较,重视“情分”多于“钱分”的缘故。

如果和这位法国女子仅仅是一种纯粹的买卖关系,那么我的朋友也不会把钱放进信封里。可是,师生关系并不仅仅是一种利益关系,加之这段时间的频繁接触,两人已经成为好朋友,就更加不能斤斤计较了。可是这位法国女子一拿到信封,当场就把钱取出,数过之后便说账目不对。

那位女子立刻拿出手册,先是毫不留情地把自己缺课的时间扣了出去,然后又递过来一张便条,便条上分日期记载着应朋友要求而消磨掉的时间。她把听判素里和去北汉山游览的时间,甚至喝啤酒、跳舞的时间都计算在内,要求朋友支付工资。当然,她自己主动邀请的时间已经扣除。只是朋友要求见面的时间,哪怕一小时都没有漏掉。

恐怕不管哪个韩国人遇到这样的事,都会觉得很荒唐,甚至会感觉受到背叛。用“伤感情”这句话来形容这样的情景再恰当不过。

为什么人们要用“伤感情”来形容此情此景呢?那是因为“斤斤计较”和“人情”是相互矛盾的,“人情”这类细菌只有在不斤斤计较的向阳环境下才能生长,而“斤斤计较”恰恰是“人情”的杀菌剂。

我曾经常去光顾一家小酒店，去喝酒时总遇见一位卖口香糖的老奶奶。每每见着她，我一定会买她的口香糖，通常是身上有几个硬币就全部掏出来给她。

这样几次之后，那位老奶奶开始有意避开我喝酒的座位。每当这时，我都会特意把她叫来向她买口香糖。

某年末，那位老奶奶放了一个小纸包在我坐的桌子上，便跑开了。我打开一看，纸包里是一双棉袜。

那一刻，我突然觉得一股暖流穿过心底，这大概就是人情吧。虽然不知道这份情是什么时候产生的，也许就在慷慨买口香糖的这段时间里慢慢积累起来的吧。

韩国传统的夫妻关系表面上看来非常单调乏味。夫妻之间从不互表爱意，只是像木头人一般默默相依。特别是妻子们，从不会抱怨辛苦，也不会耍赖撒娇，总是默默地尽着自己为人媳、为人妻、为人母的本分。

传统的韩国媳妇们总是默默付出，却从不要求丈夫为自己做些什么。她们含辛茹苦地将儿女们抚养成人，却从不图回报。她们不够妩媚，不懂撒娇，但同样的，她们也不会去斤斤计较自己的得失。

金裕贞的短篇小说《妻子》，就是以典型的传统韩国媳妇为原型创作而成的。小说中丈夫对妻子这样说到：

“说到夫妻情分啊，像我们俩这样比粘糕还粘的再也找不出第二对来了。不管怎么吵，怎么恨对方，愣是分不开。床头吵架床尾和，夫妻感情就像水蛭一样缠人……”

以现代人的观点来看上文，不免会产生疑问：传统的韩国夫妻到底是怎样维持那种形态的婚姻关系的呢？实际上，人们往往没有深

入探究，而只是简单地认为传统韩国媳妇麻木到对生活毫无激情、过着枯燥无味的生活。但是，比起喜欢计较得失的西洋媳妇和现代社会的媳妇们，传统的韩国媳妇们过着一种更加稳定的婚姻生活。她们不计得失的精神孕育出了比粘糕还粘的夫妻情感。这情感成为夫妻间的黏合剂，巩固了婚姻生活的基础。

虽然，夫妻双方在性格、言行上都有许多缺点，但是只要不去斤斤计较，这些缺点便不会伤及夫妻感情。这类以人情为基础建立起来的夫妻关系形态，恐怕这世上只有在韩国才能找到。

在韩国，无论是小酒铺还是大公司，都离不开“人情”的滋养。有了这层“人情”的作用，生意才会兴旺发达。做生意时，如何衡量顾客利益与自身利益之间的关系往往是事业成败的关键。目光短浅的人会去计较一些蝇头小利，而眼光长远的人不会在小事上斤斤计较，他们懂得适当付出，赢取人心。而这积累下的人情日后便会成为事业的基础，所以不爱斤斤计较的特性反而会带来事业的繁荣。在重感情的韩国，这可以说是一种必然规律。

举个例子来说，假如有一家饭店腌泡菜，一种情况是这家店对原料、作料的用量斤斤计较，结果泡菜味道却打了折扣；另一种情况是这家店只考虑泡菜的味道，不去计较作料和原料的价格，结果腌制出了非常美味的泡菜。与前一种情况相比，后一种情况成本较高，短期内饭店当然会有些损失。但美味的泡菜会吸引顾客，长此以往，饭店会生意兴隆。小小的损失会带来真正的收益，长远来看，反而是斤斤计较会给饭店带来损失。

正是因为韩国人重感情，不爱斤斤计较，在韩国以人情为基础发展起来的关系尤为难能可贵。

“精英”是怎样炼成的？

在19世纪的英国，精英阶层有四个象征：一是大到乘马车到正门需花费半个小时到两个小时的顶级豪宅；二是受世界珠宝商瞩目和追捧的价值连城的名贵珠宝；三是五百吨级别的豪华游艇；四是诸如尼斯等地的海外别墅。

韩国历史上最出名的富翁恐怕也没有具备以上四个条件。

英国的精英阶层在血统和外形条件上受到的约束也达到了我们难以想象的程度。比如，他们也像韩国人一样重视家谱，并且需要凭借家谱获得血统证明书。

随着社会现代化的发展，韩国人的家谱意识逐渐变得淡薄，不知道自己祖先姓甚名谁的情况比比皆是。可是在英国，贵族至少要记住32位祖先的名字和官职。这32位祖先分别是父母、祖父母、曾祖父母……以此类推直至第五代。韩国的家谱以父系为中心，而英国的家谱却以母系为中心。母系家族的名望愈高，地位就愈高人一等。

另外，英国的精英阶层必须拥有优越的外形条件。男子的身高需达 190 cm 以上，体重不得低于 90 公斤，小腹平坦、肌肉发达，是橄榄球或皮划艇的顶级高手。女性的理想身高则在 170 cm 以上。像这样，理想的精英阶层的外形已经被暗中设定好。所以在英国，尽最大努力“先天优生、后天弥补”是必不可少的。

精英阶层的财富、地位和名誉都受到保障。与此同时，他们也肩负着为英国的发展随时献身的使命。要完成这样的使命，需要坚强的意志力和良好的身体素质。精英教育为英国社会造就了这些意志顽强、铮铮铁骨的英国男儿，这样的精英文化打造了所向披靡的英国海军，也成为大英帝国背后不可或缺的精神支柱。

由此可以联想到，英国这样的精英文化深深影响了美国，奠定了美国精英文化的基础。

爱的一元论和二元论

在美国，自由结婚和恋爱结婚是同义词。两个人自由地相识、相知、相爱，而最后作为爱情的归宿，这对恋人便步入婚姻殿堂。也就是说，没有恋爱，婚姻便无从谈起。

对于美国人来说，恋爱，即坠入爱河的过程，是这世上最不可思议的事情之一，也是婚姻的必经阶段。一对男女一时精神恍惚，于是在情人眼里，麻子变酒窝，大饼脸也成了美人的象征。两人如痴如醉，柔声细语："啊！让时间停在这一刻吧！""亿万年的幸福也只在这一瞬！"

可是，当人们步入中年，回忆过去时，却怎么也想不通年轻时为什么会爱得那样痴狂。

就像这样，对爱情，我们很难做出理智、合理的解释。爱情与对方的修养、身份、气质、性情，以及家庭环境等并无必然联系。结婚是两个人建立家庭、培育子女的长期工程，与你共同完成这项长期工程的搭档便是你的人生伴侣。作为选择人生伴侣的手段，缺乏理性的恋爱，如害了场热病一般，从严格意义上来说

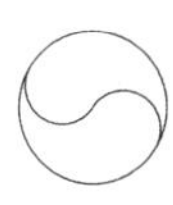

是危险的。

而且，张三爱李四，李四也正巧爱张三的情节的真实性并没有保障。两个人同时感受到来自对方的真爱，这样的幸运儿实在凤毛麟角。

即使在崇尚自由恋爱的美国，建立在真正爱情基础上的婚姻仍然是屈指可数的。原则上来说，不经过恋爱阶段就不能结婚，所以许多男女并不是实际相爱，而是在幻想着恋爱的场景中步入了婚姻的殿堂。换句话说，大部分人通过“疑似恋爱”结合在一起。

像口头禅一样挂在嘴边的那句“I Love You”，即使不是真心相爱的人们也可脱口而出。相亲结婚的夫妇若朝夕相对也会日久生情。这样的婚姻和建立在“疑似恋爱”基础上的美式婚姻相比，到底哪一种会带给人们更长久的幸福，谁也不敢妄下定论。

半数恋爱结婚的美国人会走向离婚，这是因为美国人的思维方式与韩国人不同，美国人对所有事物持二元论的观点。二元论起源于古希腊哲学家亚里士多德的逻辑学，后经欧洲传入美国，并在美国生根发芽。二元论认为世界上所有事物都可以两分，不是A就是B。例如：水是凉是热？个子是高是矮？他的意见是对是错？

与之相反，韩国人的思维方式从古时候起就受到太极阴阳结合的一元论影响。在韩国，外来的宗教都能与既存宗教和平共处，从未发生过流血事件。韩国人对待自然的观点也和西方不同，韩国人认为自然与人不可分割、紧密相联。所以，“yes or no”的非黑即白的逻辑从一开始便与韩国格格不入。

像这样，深受二元论影响的美国人，在婚姻问题的分析和处理上自然而然也运用起了二元论。婚姻生活或成功或失败，只能是二者之一。也就是说，两个人往往因爱情而喜结连理，在爱情冷却后却会毫不犹豫地选择离婚。

与美国的两分式逻辑不同，韩国人选择了中庸的和缓思维方式。就好比太极八卦图中的红黑两极，虽然截然不同，却又紧密相联，形成了一个整体。所以，在美国人看来没有任何价值的婚姻，韩国人却仍然苦苦经营，不愿离婚。

美国离婚率高的另一个原因在于他们高期待的幸福观。与韩国人相比，美国人的幸福期望值要高很多。然而，幸福值原本就是一个不确定的变量函数，它受现实与理想的双重影响。所以，即使是在同一家公司拥有相同职位、相同收入的两个人，幸福期待值的不同，也会令他们的幸福感天差地别。很可能一个觉得幸福至极，而另一个却倍感不幸。

"春有春花冬有雪，夏有凉风秋有月，若无闲事挂心头，便是人间好时节。"对具有这样幸福观的韩国人而言，"没有什么不幸"就已经是大幸。可是幸福期望值较高的美国人并不认同如此消极的幸福观。在他们看来，应该有一种更加积极的、绝对的、完美的幸福，而婚姻是这种理想幸福的典型代表，所以他们对婚姻的期望值之高可想而知。当一场婚姻与自己的幸福期待值相距甚远时，便被贴上了"失败"的标签，只能走向结束。

当然，韩国人也会期待幸福的婚姻生活。但是没

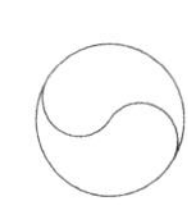

有那么高的期望，也就不会有那么大的失望。虽然也会偶尔眼红一下他人的幸福美满，转身后自己的婚姻生活依旧如常。

美国个人主义的盛行可以说是导致离婚率居高不下的第二个原因。理论上来说，个人主义是做好自己分内的事，在主张自身利益的同时尊重他人利益。但这只是一种理想状态，多数时候，人们是把自己的利益置于他人利益之上的。

夫妻是一个整体，只有将“个人”融入这个整体中，婚姻生活才能稳定。韩国人习惯了集体主义，有时即使对方有错，也会自己先承担责任请求对方原谅。可是，美国人即使知道自己做错了，也不愿意承认。在强烈的个人意识的驱使下，他们会本能地为自己辩护。

在这样强烈的个人意识的影响下，他们只懂得索取。丈夫对自己平凡无奇的妻子有无限期待：在家，她是端正贤惠、持家有方的好主妇；在宴会上，她则是魅力四射、惊艳全场的宴会公主；在夜里，她转而变身为风情万种的魅惑魔女。当然，妻子同样也对丈夫有许多不切实际的期待。当这样两个个人主义者碰在一起时，婚姻大厦的坍塌只是时间问题。

在韩国，父母往往为顾全孩子的成长，而在犹豫不决之后最终放弃离婚的念头。当然，在美国，也有父母将离婚协议延期到子女成年之后，但是，美国父母不会为孩子牺牲自己的一生。

“人生只有一次，这仅有一次的人生应该过得幸福。虽然离婚会给孩子们带来不幸，但不能因为这样就让我自己的不幸延续。离婚之后也能定期见到孩子，也许离婚是更好的选择。”在美国人的思想中，个人主义是占上风的。

其实，对婚姻的不满即是对伴侣的不满。这种不满经常以“性格不合"来粉饰。性格不合,不是说两个人的性格不同,而是指两个人都无法适应对方的性格。夫妻双方只要有一方懂得包容退让,婚姻也不至于走到尽头。夫唱妇随的旧式婚姻,就是试图要求以女子无条件服从男子来维持婚姻的和谐。

所以,旧时代的妇女从小就接受逆来顺受的教育,她们的自我意识被扼杀在了萌芽阶段。过去不让女子读书习字了解世事,正是为了抑制她们的自我意识。所以,在过去,像申师任堂①或者许兰雪轩②一样的才女反而大部分都以不幸告终。

在这里,笔者并非要赞颂旧社会那种扼杀女性自我意识的非人道的做法。只是说在平等的前提下,夫妻双方要学会互相适应、互相包容,才不至于产生像美国那样的高离婚率。需要强调的是,恋爱是冲动盲目的,想由此确定婚姻生活的终身伴侣无疑是一场人生冒险。

夫妻双方是否能习惯性地包容对方,并且两人在结婚之前是不是清楚地了解对方的包容能力,这都是婚姻成败的关键,直接决定了离婚率的高低。

---

① 任师任堂(1504—1551),16 世纪朝鲜时代的女书画家。

② 许兰雪轩(1563—1589),朝鲜李朝女诗人。

“学力”型社会与“学历”型社会

韩国的高等教育普及率非常高，但问题是这种高普及率很大程度上只是一种形式，并没有多大的实际意义，受过高等教育并不代表一定拥有高水平的专业技能。实际上只是因为社会对学历的重视，高等教育的普及率才逐渐高了起来。

在韩国，年轻人的生命之船在扬帆起航时，其未来的方向甚至目的地就已经大致被设定好了。你是否念过大学，或是你毕业于何所大学，在很大程度上决定了你今后的人生轨迹。

所以，如果将社会划分为“学力”型社会与“学历”型社会，韩国就更加偏向于“学历”型社会，因为比起学习能力，人们更倾向于通过学历来评价一个人。和其他国家的学校相比，以学历论人也是韩国学校的一个显著特点。

在这样的“学历”型社会中成长起来的韩国学生们，与其他国家的学生相比，在思维方式上有着明显的区别。

“学历”型社会对学历的重视可以说是一把双刃剑。然而今天，韩国的青少年们深受其弊端荼毒，在过度竞争中难以喘息，所以人们也就意识不到其优势了。

然而“学历”型社会也是有其自身优势的。无论是谁，只要能从学校毕业，便能和其他人站在同一起跑线上。在选择学校时，不会受到家世情况、财力多寡、职业贵贱等社会条件的影响，无论是谁都会有力争上游的平等机会。从这点上来说，“学历”型社会对每个人都敞开了平等的机会之门。

当然，在韩国也会有贫困学生因无力支付高昂的大学学费而放弃升学机会的事例，社会上或多或少存在着不平等现象。但是，总体来说，韩国的大学并没有按家庭财力状况给学生们划分等级。

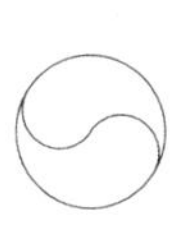

Not My Business

离开波士顿的那一天，在一家老旧的名叫卡普里·普立兹的三流旅馆结完账后，我坐上了开往机场的出租车。在奔驰的出租车内，无意间瞥到了账单上餐费那一栏赫然写着80美元，我大吃一惊，怎么也想不通这80美元的由来，只好在机场给旅店前台打了电话。

刚一开口，对方便扔过来一句“Not my business”，我只好继续问是谁的责任，对方回答说自己是刚接班的收银员，负责接待我的收银员明天早上八点上班。之后又问了一下我是否还有其他事情，接着便挂了电话。

还有一次，为了追寻我国最早的留美学生、《西游见闻》的作者俞吉睿先生的足迹，我来到了塞伦女巫博物馆。由于不知道负责的部门，只好随便进了一个房间并表明来意，迎接我的也是这句“Not my business”。最后终于找到了博物馆的负责人，我告诉他我想复印一下俞吉睿先生的资料，问他能不能帮忙查找。结果不出所料，得到的回答依然是这句“Not my business”。

同样的态度在伊斯兰国家也很常见，只是换了一种语言而已。在伊斯坦布尔时，我离开旅馆出门，回来时却发现锁好的房门居然敞开着。去前台理论，旅馆职员耸了耸肩说了一句“一沙拉”。这句话直译过来就是“真主安拉”，意思就是这是神的旨意，与我无关，也不是我该管的事。此话一出万事大吉，神的旨意怎么能违抗呢？这样一来再计较也是自讨没趣。

还有一次，我预约了环博斯普鲁斯海峡航行的游船。游船出发时间是三点，当我两点五十分跑到码头时，船已经开走了。去找人理论，他们也还是耸了耸肩淡淡地说了一句“一沙拉”。好像是在对牛弹琴，再怎么理论也无济于事。

在西方社会或伊斯兰教社会中，个人职责范围有着严格的界限。而韩国人对此难以接受，这也成为了韩国人遭受文化冲击的主要原因之一。

在韩国，集体职责居于个人职责之上。所以当韩国宾馆的职员接到顾客的投诉电话，即使不属于自己的职责范围，也会先向顾客郑重道歉，然后找出发票核对确认；当顾客因房门无故洞开而前来投诉时，即使不属于自己的业务范畴，也一定会询问服务员，查明原因；遇到船提早出发的情况，即使与自己无关，也一定会帮忙打听情况，并在给顾客一个合理的解释后，让顾客搭下一班船出发。也就是说，韩国人的工作不仅仅是各扫门前雪，更是自觉地负担起整个集体的职责和义务。

在习惯于个人行动的游牧民族和商业民族中，个人主义较发达；而在以农耕为主的社会中，社会成员的通力合作必不可少，因而集体主义较发达。这便是个人职责界限意识在西方社会与伊斯兰社会产生的

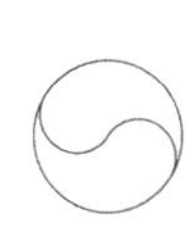

根源。另外，西方在工业化的过程中，社会分工日益明确。高度发达的社会分工系统成为了职责界限意识的“催化剂”。

在西方，每个社会成员都是社会工厂里的零件，被组装搭配，不存在万能的“超级零件”。因而，西方的个人主义是一场坚守个人领地的惨烈斗争。所以，从某种意义上来说，分担别人的工作反而是对他人职责范围的一种侵害。

但是，在韩国这样的集体主义社会中，“互帮互助、分忧解难”的集体责任感是弥足珍贵的美德。在个人主义社会中，这却成为了一种不道德行为。

赌博无罪

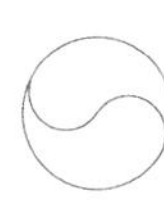

在美期间，我曾多次应朋友之邀参加网球比赛，有幸和几位美国朋友同场竞技。

听说人的臂部肌肉也有智商，并且高低因人而异。臂部肌肉智商高的人网球就打得好，反之臂部肌肉智商低的人，即使球龄再长也无济于事。

比起球龄，我的网球技术只能算是一般，因而索性以“低肌肉 IQ 者”自居。作为“低肌肉 IQ 者”，我的感觉不知是否具有信服力，但在与美国朋友们打网球时，我从中感受到了韩美两国人在网球态度上的鲜明差异。

具体来说，美国人打网球时，即使自己球技欠佳，也会跑到网前积极展开进攻。在韩国人会传球给后卫、以守为攻的情况下，美国人却乐于冒险，自己直接拦球……如果说韩国人打球气定神闲，美国人打球则勇猛激进。韩国人打球温和有度且顾及对方情面，而美国人打起球来则丝毫不手下留情。

韩美两国人对待比赛的态度也有着本质性的差别。横冲直撞的美国人热衷于在比赛中冒险，韩国人则倾向稳中求胜。因而,表面看来是阳刚好动的美国队占据优势,结果却往往是阴柔好静的韩国队获得胜利。

美国人常说"网球就是赌博"。因为每一次击球,就好比在赌桌上将自己托付给不可预见的将来。他们没有韩国人所谓"友谊第一,比赛第二"的概念,也不会随机调整比赛内容,一心只为获胜。简而言之,两者的区别就在于打球是否抱着赌博的心态。

赌博在韩国人眼中是一种可耻的败家行为,意味着游手好闲之徒妄图不劳而获,如此负面的形象深深扎根于韩国人的思想观念中。但是在西方,"赌博"虽谈不上是一种美德,但绝不是可耻的行为,也没有妄图不劳而获的负面意义。在对赌博的看法上,韩国人与西方人的观点大相径庭。

在西方社会,赌博就像打猎一样,是属于上流阶层的高尚游戏,能够锻炼身心;同时又是一个非胜即负的世界。在这场疯狂的冒险中,金钱、名誉、人格,甚至生命都成为胜负的筹码。

正如打猎的意义并非只在于猎物一样,对于他们来说,赌博的目的也不仅仅在于赢钱。在这个社会中,为打猎而打猎,为赌博而赌博的人同样遭人排斥。

韩语中表示赌博的单词"norum",意为玩钱。由此可见,在韩国,赌博仅限于游戏层次。若有更深层次的意义,也只是游手好闲之徒的生钱手段,终归是难登大雅之堂。

《金达莱花》的情韵

韩国人对渐行渐远的列车带有一份特殊的情怀。火车离开后清冷的乡村车站，在萧瑟秋风中摇曳的菊花，以及戴着金边帽子的站长的孤独背影，这些都能引起韩国人强烈的情感共鸣。深夜中，随着寂寥的汽笛声渐行渐远的末班车，也总能让韩国人唏嘘不已。

末班车离开后的乡下市集，徘徊在清冷街道上的小狗，在韩国人眼里是一首无声的诗；家境贫寒的乡下姑娘被卖到马戏团的那一天，全村女子泪眼婆娑一路守望，直到车子远离视线。

市集散了还会有下一场，被卖去马戏团的女孩也不会像为父卖身的孝女沈清那样一去不复返。但是不知何故，一提到离去，韩国人的脑海中总会浮现“最后”两个字。

“人有悲欢离合，月有阴晴圆缺，此事古难全。”然而纵然通晓所有事理，当听到“会者定离”这句话时，韩国人仍然会有“世间好物不坚牢，彩云易散琉璃脆”的感慨。这大概是与韩国人重离别的情感紧紧相联的吧。

踏上美国的旅途之际，想到要会见美国的各阶层人物，我准备了五本韩国名诗选集的英文译本，想要送给喜爱诗歌的外国友人。此外，我还有另外一个小小的“打算”：鉴赏金素月的《金达莱花》，观察外国人对这首诗的反应。但万万没有想到的是，五个人当中唯有一人能够感受到这首诗的情韵和美妙，其余四人却不知所云。因为他们看到这首诗的开头“当你厌倦了我，离我而去，我将虔诚默默为你送行”，就认为这是理所当然的事情。恰恰是这种想法，容不得他们感受这美妙的诗境。在离开之人的征途上洒满鲜花，这种行为本是韩国女子对心上人无言的挽留。但是在他们看来，这与撒彩带或彩纸来表示赞颂、欢送的行为无甚区别，因而感受不到隐藏在诗中的真正含义。

唯一对《金达莱花》赞叹不已的，是对韩国有着深刻了解的哈佛大学韩国史教授。由此不难看出，在一般美国人心中，《金达莱花》并不像在韩国人心目中那般富有诗意。

与此同时，我还对韩国传统歌谣《阿里郎》所表达的情感，尤其是对“弃我而去者，不出十里路，脚会发病”所隐含的“离别＝最后”的含义进行了一番询问。结果，他们的回答不外乎两种：对于想要离开的恋人，若挽留无效，要么是创造条件，不让他走，要么就去另寻新欢。这是典型的“非此即彼”思维。

放他走，却又恨不得他的脚上生疮。这种似爱似恨的感情对他们来说属于灰色地带。在他们看来，韩国人处理感情的方式实在是可恶。他们认为，诅咒心上人脚底生疮并不是爱的表达，而是违背神和人伦的一种恶行。千百年来，《阿里郎》之所以始终流传于韩国民间，成为韩国人的情感寄托，其中的秘密就在于他们对离别所持有的这份特殊感情。如果这首歌传入美国，估计美国人会“无福消受”。其原因何在？正是因为他们身上没有韩国人这种“离别＝最后”的情结。

《金达莱花》中离去的人也好，《阿里郎》中远走的人也罢，也许并不会像沈清那样一去不复返。但是韩国人将《金达莱花》视为诗中“瑰宝”，其理由就是“离去”与“最后”相得益彰，诗之神韵尽显无疑。

对于韩国人来说，“离去”和“最后”始终处在未分离的状态中。

欧洲的自杀犯罪论

事情发生在1860年维多利亚女皇统治时期。一个小伙子自杀未遂，被架上了绞刑台。在当时的英国，自杀未遂等同于死罪，是重大犯罪行为。所以，犯人在颈部割伤治愈后，要被推进刑场接受绞刑。

到后来，对于自杀未遂虽然不再判决死刑，但相关刑罚仍然延续了下来。从1946年到1955年，这十年的时间里，英格兰和威尔士共有5 794起“自杀未遂”的刑事案件。其中308人被判监禁，5 139人被判罚款，其余347人因被判定为精神异常得以幸免。

早在1960年，英国人民就向议会上、下两院提出了废除自杀罪的议案。次年8月21日，此提案最终经伊丽莎白女皇裁定，正式宣布生效。

与韩国人以同情的心态看待自杀不同，在英国乃至整个欧洲，自杀都被视为犯罪行为。在传统的欧洲社会，不仅是自杀未遂者，就连自杀已遂之人也仍然逃不过刑罚的“噩梦”。自杀者的尸体或被拖入刑场接受绞刑，或被拉着走街串巷以警众人。总之，对死者尸身极尽侮辱损坏之能事。

而且，依惯例，国王或封建君主还要没收死者财产，遗属们只能流落街头。就这样，通过侮辱尸体、没收财产，以及对自杀未遂者追究刑事责任等方式,欧洲社会将自杀行为彻底“妖魔化”。

在欧洲列国中,法国在1791年的刑法中首次废除了自杀罪和自杀未遂罪。以此为契机,到了1813年,以德国的拜恩为首,主张废除自杀罪的国家逐渐增多,英国则是动作最为迟缓的国家。在欧洲各国语言中,甚至没有“殉情”一词。这并不意味着这些国家没有类似的死亡事件,而是情况之少足以忽略不计。因没有表达“殉情”的专门用语,他们便以“Double Suicide”(双双自杀)来表达殉情的含义。

在韩国,母亲携子女一起自杀的“同伴自杀”案件时有发生,这在欧洲各国难寻踪迹。在欧洲人看来,这是不可理喻的韩国特有现象。如果坚持要把“同伴自杀”翻译成他们的语言,估计只能译成“Double Suicide With Infanticide”(与儿童一起的双双自杀)了。

如今,在欧洲,自杀罪已经不再受到法律制裁。但是,这并不意味着它已经无罪。在欧洲人的意识构造中,任何名义的自杀,都是罪恶的、非道德的行为。

韩国人无止境的"水平意识"

在韩国这样一个阶级转换自由的社会中，个人本位的晋升欲望会十分强烈。因此，在韩国人的潜意识里，自己的晋升远比体谅他人来得重要。

但是，从1966年英国某食品制造厂的工人调查问卷中可以看出，类似韩国人的强烈晋升欲望在这些工人之间并不普遍。有50%的男性工人和80%的女性工人明确表示，对现场管理者的职位并不感兴趣。追问原因，很多人的回答是"对此类工作没有什么兴趣"或"责任太过重大"。对于做梦都想跻身管理层的韩国人来说，这无疑是一个难以理解的调查结果。但是，在这些英国工人身上，有一种超越企业和性别界限的阶级团结精神。比起晋升，他们更愿意对罢工行为给予同情、时刻关注企业间的工资差别、倡导男女工资平等。

美国的社会学家尼斯贝特常常将惯用的"阶级意识"写成"水平意识"。"阶级意识"强调融于集体中的个人情感；但是，"水平意识"则强调超越自身现有水平的上升。也就是说，欧美人所持有的，是在同一个阶级内由阶级下限上升到阶级上限的水平意识；而韩国人的"水平意识"却往往表现为超越阶级，由无限的下限上升至无限的上限。

大约有85%以上的韩国人认为自己属于中层社会，但是实际上真正处于中层生活水平的人不到50%，这种客观上并不属于中层，但是却主观地自以为处于中层水平的现象，或许正是源于韩国人这种无止境的“水平意识”吧。

不同文化背景下的金钱意识

在美国，拥有专业法律知识的法官只在县级以上的法院才有。但是在乡下，简易法庭也会不定期开庭，即使是没有专业法律知识的公民，如果威望高，通过选举也可以成为法官，即治安法官。

记得有一回，我应邀去旁听在俄克拉荷马州近郊一个小村庄里的一场审判。那是一个极具田园牧歌风情的简易法庭：小规模的警察署接待席后面放着几把椅子，只有一位法官、一名被告，还有五名看上去像被告人家属的旁听人。

据说法官是附近州立大学的考古学教授，他留着胡须，50 来岁光景。被告是一名 30 多岁的农夫，穿着一条褶皱的裤子，上身穿着 T 恤衫。他的衣服和头发上都沾有干草，好像是在干草作业的途中，匆忙跑到这里来的。

法官问被告是想在这个法庭接受简易审判，还是花钱找律师申请县级法院的正式审判。正式审判意味着要在平日繁忙的工作中往返于遥远的路途，应付并不简易的手续步骤。所以一般情况下：罚款程度的小案件，都会在这个简易法庭里"解决"。

法官宣读了高速公路警察对被告违反交通规则的调查结果，接着询问他是否承认在××号公路开拖拉机，违反了高速公路驾驶规则的第××条第××项条例，给后面的车辆造成了 58 美元的损失。

被告虽然承认了事实，但却狡辩说因车体是大型拖拉机，所以没能及时躲开。说到此，法官中断审判，说道："如果想以它来证明自己无罪，那么请向县级法院提起诉讼。"说完他就要合上眼前的法规集，准备起身。这时，被告连忙解释说自己并无此意，再一次用一般客车与拖拉机的功能差异进行了一番辩解。法官再次重复说："向县级法院……"说完，起身欲走。

虽然被告当时的处境看着让人有些同情，但是这样的一个简易法庭只能对被告认可的事实进行裁决。所以被告在与家属商量之后，还是同意了此次判决。

法官翻了翻法规集，找到俄克拉荷马州道路法规，宣读了中型车辆违反××法规，要罚款 7 美元，如果拒付罚金就要接受一天监禁的处罚等相关内容。并向被告询问道：是交罚金，还是在拘留所呆一天？

农夫从裤兜里掏出几张皱巴巴的一美元纸币来，好像是还少了 2 美元，就向坐在后座的家属要了 2 美元。貌似农夫父亲的一位老农夫或许是没有零钱的缘故，拿出一张 10 美元的纸币递给了他，他把这 10 美元递给了审判长。随后，审判长便从自己的口袋中掏出了 3 美元零钱给了被告。被告把这 3 美元和自己的 5 美元还给了父亲，说欠下的 2 美元会在 3 日内归还。

我之所以在这个简易法庭中深有感触，是因为看到了在本该神圣的法庭上，金钱竟然毫无顾忌地穿梭来往，这是与韩国完全不同的金钱意识。

这样，等审判结束退庭的时候，审判长简单地在文件上签字。这7美元的罚金中，4美元50分交到了警察厅，剩下的2美元50分却揣进了审判长自家的口袋。显然，这2美元50分是审判酬劳。结束了简短的审判，考古学教授掏出酬劳中的10美分在自动售货机里买了一杯七喜，边喝边走了出去。金钱，就这般毫无顾忌地在眼前来回穿梭。在韩国，金钱的交易也十分频繁，但是没有如此"光明磊落"。即协议、约定一般公开地进行，但是金钱的交易却在私下里达成。

在韩国，如果在收款人面前将钱数好递给对方，对方甚至会感到一种羞辱感。因此，韩国人避讳说出金额，不会说具体金额而是用张数来表达钱数。这样的风俗正是韩国人忌讳现金表面化意识的体现。

当你看美国的智力答题节目时，马上就能感受到金钱意识上的文化冲突。节目主持人手拿一捆面值100美元的纸币，当观众答对题目，主持人就会现场数着"100美元、200美元、300美元……"，然后将现金递给答对者。

金钱意识的表面性又与对金钱的冷酷是一脉相通的。西方人对金钱的意识是明确而有计划的，并且具有表面性。韩国人的金钱意识与其迥然不同，所以在韩国人看来，这种表面化的金钱意识是冷酷、薄情、可耻，甚至是非人性化的。

在美国旅行期间，我常常受到大学校长、地方市长、宗教团体负责人等的邀请，承蒙他们对我热情款待、关怀备至，我不胜感激。然而，遗憾的是，每每也会有些令人不快的安排掺杂其中。

之前，我从邀请者那里收到了写有我个人日程安排的单子。午餐安排后往往写着"Dutch Treat"。起初我不知此话的含义：

“Treat”一词明明是招待之意，韩语中的“招待”指的是邀请者即主人宴请宾客。明明邀请了，但是却不为客人的午餐买单，这从韩国的风俗来说实实在在是一种失礼的行为。

但是前面的“Dutch”一词却一直让我迷惑不解。因为这里的“Dutch”正是“Dutch Pay”词组中的“Dutch”。我的疑惑正是因为美国人的“AA制”和“宴请”无法与韩语中这两个词的含义一一对应。

后来我才知道不管是邀请者也好，还是被邀者也罢，自己吃的那一份都由自己来负担，即采用“AA制”的形式来招待客人。在他们看来“AA制”或许也称得上是款待，但这对韩国人来说由始至终只能称得上是一种“冷遇”。就连在“Dutch Treat”一词中也能体会到美国人赤裸裸的金钱意识。

为什么西方人形成了表面而积极的金钱意识，而韩国人却形成了背面而消极的金钱意识呢？或许是某种文化上的差异带来了这样的不同，也许这将成为比较文化的一个好基准。

没有创造力的社会

美国经营学中有“传播论”一说，它将人类划分为四大类。

第一类是不断创造新事物的人们，他们喜欢变化多端、具有创意的东西。新品一上市，他们便索性先买下来，如有新的流行趋势，便紧随其流行的步伐。在他们那里经常会听到诸如“冒险”、“创造”、“挑战”、“个性”之类的词。因为他们要挑战的都是别人不肯去做的事情，可以说这群人是随时与冒险相伴的类型。

第二类人也喜欢变化和创造。与第一类不同的是，他们期待自身的变化能够成为对方关注的焦点，并且他们只“哈”深得大众好评的东西。当新产品问世或有新的流行趋势时，与盲从的第一类不同，此类人先是留心观望，当意识到很多人都会接受时，才很有把握地来接纳新事物。他们大多独具慧眼、善于掌握市场走向，所以也被称为舆论领袖(opinion leader)，在商业化社会中，他们的存在尤为重要。

第三类人极其讨厌变化，排斥新事物。他们不贪图耀眼和夺目，只是希望按照他们的方式安逸地生活。对于新产品和新流行，他们只是跟随大众的选择，随波逐流。

这一类人在子女教育上的表现是：不管孩子是否具备此才能，如果别的孩子都在学钢琴，自己的孩子就不能甘居人后；无论自己的孩子实力如何，如果别的孩子都在学习法律专业，自己的孩子理所当然地也应当进修法律。此类人大体上是稳重踏实的，他们很少失败，总能给人一种信赖感，通常是丈母娘们心仪的女婿人选。

最后，第四类人是传统主义者。他们往往被一、二、三类型的人指责是落后于时代的保守主义者，但是他们却并不以为然，反驳称一、二、三类人是缺乏主见、盲目追随潮流的浮躁分子，传统主义者对自身的行为充满肯定和自豪。这类人的特点是对新商品和流行商品，要么索性不选，要么就赶在流行势头奄奄一息时才去选择。

在这四类人中，第一类和第四类以不足5%的比例占据着极少数，第二类占20%，剩余的70%则都归于第三类人。但是，因国度的不同，比例构成也有所差别。在美国，第一类人所占比重最大；而在韩国，第三类人的比例远远超过其他三类。这是因为韩国人的“平均意识”造就了大量的第三类人。

因第三类人所占据的优势地位，韩国的产业结构也不免带有第三类人所具有的特征。即，当今的韩国产业全都带有第三类人的特点。他们往往回避具有开创性的新技术开发，而选择发达国家或公司的已经通过第一、第二层测试的技术、制度或产品。因此，韩国没有能够站在诺贝尔领奖台上的杰出学者、经营者，亦没有独具创意的技术或经营方法。

纵观韩国的经济发展，虽然其不景气的原因是多

方面的，但是我们不得不承认主要原因在于韩国这种带有第三类人性质的产业结构。要克服经济的低迷状态，促进企业的发展，在经营性质上应由第三类转向第二类。尤其是在变化多端的全球化时代，韩民族能否体现自身的存在价值，就取决于韩国人能否完成从第三类人到第二类人的飞跃。这意味着由无责任感到有责任感，由追随者向创造者的飞跃。

当然，并非所有工薪阶层的所有工作都必须带有第二类人的创造性。但是，由于韩国产业中第三类型劳动力的"压倒性"优势，以创意为前提的技术、管理、经营等领域的发展道路举步维艰。也就是说，当前的企业体制是阻碍创新发展的原因之一。

为了充分发挥创造力、进一步提高创新能力，现有体制的改善是刻不容缓的。但是，更重要的是，每个成员应当更多地关注创造性活动的研究。而且，每个人都不可因自己的想法和创意未得采纳就转回第三类，或炒公司的"鱿鱼"，此类行为也被视为非创意性的行为。

一般来说，提起管理能力，人们脑海中浮现的似乎就是管理部下的能力，但是怎样说服上司和利用上司的能力也不容小觑。因上司不接纳而将自己的创意扔回角落，这恰恰证明了自己缺乏创造力。既争取到上司理解，又使自己的创新能力得以发挥，同时适当转换职场氛围，一石三鸟，这才是真正的创造力。只有即使身处困境，依然勇于挑战、积极求变的人方可称得上是有责任感的第二类人。

总而言之，企业的发展关键在于拥有多少第二类人才，个人的成功在于第二类潜质的发挥。

论韩国人的“归巢性”

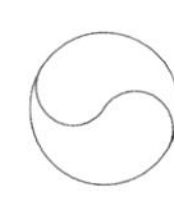

故事发生在我前往威尔诺家中做客的时候，他是美国东部塞勒姆博物馆的一名研究员。

他一边让自己法国洋娃娃般的独生女儿出来跟我打招呼，一边说道，如果按照正常情况，女儿应该上小学二年级了。可惜因为数学成绩差，他执意让女儿留级再复读一年。当我问道，如果数学成绩没有提高是否让女儿再留级时，他回答说，如果这次的成绩还是不能令他满意的话，就只好把女儿送到特殊学校。

换个立场，如果是韩国的父母将会怎么做呢？如果自己心爱的女儿考出了面临留级危险的成绩，他们会想尽一切非正常的办法让女儿升级，即使大幅度减少生活上的开支也要高价聘请家教提高女儿的成绩，从父母的立场来说，绝对不能让女儿留级。

韩国人通常把人生的旅程理解为“一去不复返的末班车，错过就没有下次”。曾经在韩国政坛一度盛行的“末班车意识”也是源于这种独特的韩式思考方式；过渡时期，贪污腐败现象的泛滥也源于“末班车意识”。人们会说“借此机会一定要出人头地……”、“借此机会不好好赚一笔……”等等，可以说“末班车意识”是理解韩国独有的社会、政治、经济、文化现象的关键所在。那么，韩国人形成这种意识的背景何在？

这个问题大致可以从两方面总结归纳。其一是无论是家庭还是职场，韩国人对自己的容身之地总会存有一份眷恋。他们安土重迁，极力回避远行。若不得已而离开，也总是归心似箭。这种归巢性使他们整日匆忙，惧怕错过，并且会因没能赶上末班车而深受打击。

游牧和商业为主的产业结构使西方社会带有很强的移动性特征。对西方人来说，移动就是生命，它不仅仅是达到某种目的的手段和方式，其本身就具有重大意义。

但是作为农耕民族后裔的韩国人，往往对自己的“巢”依依不舍，一旦离开便想早日回归。因为这种定居性和归巢心理，人们不愿意错过末班车的倾向更加明显。

另一原因即他们的“时间”不可逆意识。俗话说，“过了这个村，就没有这个店”。时间不断向前，错过眼前的机会就意味着错过“首发”，只能屈作“候补”，等待不知何时才会再来的机会。无怪乎韩国人的“末班车”意识如此之强烈！

“关系”价值凌驾“个体”价值的社会

这是我在纽约郊外的住宅区杂货店里偶然目睹的事情:一个看起来只有十来岁的美国小男孩在挑选饼干的时候,进来了一位韩裔妇女。

“嗨,鲍比。昨天为什么踢了我家爱兰啊?她昨天是哭着回家的。你也来尝尝被踢的滋味怎么样?”

“不是那样的。不是我踢的,而是爱兰她被踢的。”

“那么踢和被踢有什么不同啊?”

“因为爱兰违反了游戏规则,所以依照处罚她理应被踢。我只不过是按照游戏规则才踢她的。”

“就算违反了规则也不应该那样啊,邻里之间,应该和睦相处,你说是不是啊?何况爱兰是外国人,朋友也不多,而且你是男子汉,爱兰可是个女孩啊。你觉得踢她是正当的吗?你应该向她道歉说对不起。”

“不,我不能向她道歉。如果执意让我向她道歉的话,我会请治安法官做出判决的。”听到这里,韩裔妇女似乎很无奈地喃喃说道:“啧啧,这小家伙竟然……”

说到此，可以看出，比起“人情关系”，鲍比更看重游戏规则。即，约定或承诺。与此相反，这位韩裔同胞则更看重“人情关系”的价值。并且，鲍比自始至终重视的是“个体”，即个人主义；而侨胞妇女所重视的却是“关系”，即人与人之间的关系法则。也就是说，韩裔妇女更看重和睦的邻里关系、本国人和外国人之间的关系、男女之间的关系，认为鲍比的行为是错误的；而鲍比执意要请治安法官是为了维护面临侵害的“个体”权益。美国儿童的答辩恰恰说明，相比韩国人对“关系”的重视，西方人更重视“个体”价值。

通常韩国人的个人利益是为了相互间的关系，即父母、兄弟、宗氏、同学、同乡、同事、邻里、师弟、男女等伦理关系，并以此来解决个人利益与集体利益的冲突。

以下是近期发生在美国的一个诉讼案例，显示了美国社会的人情淡薄。

一位不幸守寡的母亲再婚了，儿子在上高中，于是这位母亲将儿子的看护权委托给了爷爷，又将部分财产转入了爷爷账下，规定直到儿子大学毕业为止，每个月都要支付部分金额给儿子。但是，爷爷经营的农场遭遇了严重的虫灾，因忙于播洒农药，有一个月没能按时给孙子生活费。约定付生活费的日期一过，孙子便毫不犹豫地向法院提起了诉讼。

在“个体”的理论面前，不只是祖孙关系，就连父子关系也无足轻重。这是近期刊载在某海外版面的一篇文章。一个美国家庭在湖边搭起帐篷准备度假。读高中的孩子想要在湖边跳水，然而出乎意料的是，湖水很浅，孩子不幸受了重伤。

儿子住进了医院，并找到律师向父亲提出了赔偿损失的诉讼请求。其理由是父亲应保护子女的安全，但这位父亲并没有测量并标记出湖水深度不适合跳水，也没有事前提醒他，自己的受伤完全是保护者的责任过失。

父子和祖孙之间的关系都如此“冷漠”，何况是仅仅住在房子旁边陌生的异国人？牺牲个人的主张或利益自然是天方夜谭。所以，学生不能反驳老师的学说，下属为上司背“黑锅”的韩国逻辑，对他们来说是难以理解的。

美国的女性人类学者杜鲁士·李非常忙碌。她是一位大学教授，也是一个家庭主妇和若干孩子的母亲，同时还忙于自己的专业研究。但是她却成功地做到家庭和事业两不误，令旁人赞不绝口。

她在自己一篇名为《参与者的喜悦》的随笔中描写道，美国社会正在不断反思“关系”的重要性，为曾经否认“关系”而追悔莫及。

随笔从某一个冬日夜晚的回忆开始。在完成洗衣、做饭、打扫这些烦琐家务时她已经筋疲力尽，正准备稍作休息，却突然意识到还有一件事情没有做。那就是受三岁女儿之托，要给洋娃娃做个小被子。虽然想早点钻进被窝，舒缓一下倦怠的身躯，但她还是拿起手中的针线，开始缝制女儿一直都想要的小被了。

做着做着，她忽然发现倦怠感已经消失无踪，自

己在不知不觉中埋头于手里的工作，有一种莫名的满足和欣慰涌上心头。究竟这种欣慰和喜悦源自何方，她作了如下的叙述：

此时此刻我深深体会到何为人类的社会性。我的确是一个叫杜鲁士·李的个体，但是我同时又是高于这个“个体”的存在。做针线活的时候，我深深感悟到作为母亲、作为教师、作为邻里的存在，并由此发现了广义上名为“关系”的媒介。

在杜鲁士·李身上，横亘在自己周围的、区分自己和他人的强烈的“个人”界限烟消云散，刻画出的便是一种与自己相关的朦胧“关系”。缝制被子的过程中，她不仅仅发现了自己与女儿的“关系”，更感悟到所有家务劳动的相似意义。

就拿打扫来说吧。它之所以被认为是“痛苦的事情”，是因为美国主妇们将其看作主妇“个体”必须要做的、无可奈何的事情。

如果一个主妇持有很强烈的“个体”意识，对家务的分担划分严格，便仿佛在生活的每个地方都划上分界线。在这种情况下，家务就是与个人密切相关的某种义务，所以她们往往会觉得痛苦不堪。但是，只要换个角度，将个人意识升华到关系意识，事情就会变得“轻松”很多。娃娃小小的被子不再属于义务范畴，它是母女间剪不断分不开的“关系”。

随笔的最后，杜鲁士·李反问道：“与其将事情看作不可逃避的义务而痛苦不堪，何不把它作为与他人结成关系的纽带？”

这正是对“个体”文化发达的西方社会，和由关系价值论支配的东方社会本质的比较和反省。

以前，我们的母亲披星戴月，20 多个小时不休不眠勤奋工作却没有一句抱怨。我想，这也许是因为在韩国社会，“关系”的价值已经深入人心。每一件劳动中都融入了夫妻关系、子女关系，甚至邻里关系。正是因为这种“关系”理论，母亲们对繁重的工作并不感到痛苦，而是带着某种欣慰感将事情进行到底的。

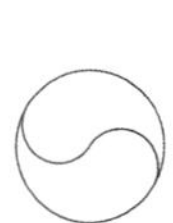

"labour"与"work"的差异

在福利较好的西方国家，人们即使有劳动能力也会倾向于"不劳而获"。这些"好吃懒做"之人的不断增加也日渐成为西方国家新的社会问题。

在英语中，"工作"有两种含义，一个是"labour"，另一个是"work"。在德语和法语中也同样有这两种解释，"labour"是指为了维持生计而不得不做的工作，像接受刑罚一样，需要同时承受着肉体上的折磨与精神上的痛苦，法语中表示工作的单词则直接含有刑罚的意思。支配西方人精神世界的《圣经》，在开头就提到工作是对罪恶的惩罚。在希腊神话中也把这种不得不做的工作比喻为在地狱里永无翻身之日的苦役。在西方人的意识中，这种工作是像刑罚一样痛苦而不快的。

与之相比较，"work"则指的是虽然有肉体上的痛苦却是出于自愿和爱好而做的事。比如说从事园艺工作，写小说，作曲等。随着社会和经济的发展，西方人这种讨厌并回避"labour"的倾向呈现出多种形态。

从根本上说，嬉皮士现象的产生也可以归咎于对工作的逃避。

通常，人们如果想拥有体面的穿着、舒适的房屋和受人尊重的社会地位，只有通过努力工作。但是否定这种价值观另辟蹊径也不是不可能。问题在于，现存的社会只为我们提供两种选择：要么追求劳动的价值，要么选择神的惩罚。不工作但也不要求体面衣着和社会地位的嬉皮士的产生，也是对西方人侥幸心理的一种验证。

富裕社会里大量的旧衣服被作为废物抛弃。嬉皮士们捡拾那些衣服来遮挡身体，只要有一床破被子，无论是在桥底下还是码头货仓都能安然入睡。笔者曾在旧金山与以嬉皮士自居的人谈过话，他们说要想成为真正的嬉皮士，首先要漠视金钱的存在。伪装的嬉皮士故意花钱买破烂衣服穿，真正的嬉皮士亲自到垃圾收集场寻找“资源”。谈话中，他们还义愤填膺地说道，那些为了与众不同而模仿嬉皮士的人比那些西装笔挺之人更粗俗、更卑劣。

我们把不劳动而能最大限度地维持生计的现象称为嬉皮。所谓的嬉皮现象之所以没有在韩国立足扎根的原因之一，就是人们对劳动价值观的根本认识不同。

大部分去美国观光的外国旅行者都会惊讶于纽约街头的乞丐之多。福利措施完善的美国出现如此之多的乞丐，也从另一方面验证了这样一个法则：再完善的社会保障也避免不了乞丐的产生，沦落为乞丐的美国人不是因为没有工作可做而是出于对工作的厌恶，才不去工作的。

在英国曾经有过一个这样的调查：“如果每周能

再多挣 50 美金，那么你会用它做什么?”调查者对 3 000 名劳动者进行了问卷调查，结果显示其中 87%的人表示不想再多挣，宁愿获得相当于 50 美金的假期。所以，在西方人的意识里，与其努力工作期待更好的生活，不如停下工作享受现在。正是由于这种劳动观，工作对于西方人来说是受时钟控制的。

英国的阶层意识

“Pub”是酒馆(public house)的简称，指的是英国的大众酒馆。一般上午11点到下午3点、下午6点到晚上11点，一天之内分两次开门营业。这些酒馆的名字从稀奇古怪的“红蛇”、“王的头”，到田园风情的“母牛与青蛙”，再到略带色情的“浴室美人”，花样繁多、参差不齐。

苏格兰的大众饮料是威士忌，但英格兰的大众饮料则是啤酒，所以大部分的“pub”为啤酒公司旗下所有。这种酒馆十分经济实惠，为了宣传，当外国人光临时还经常不收第一杯酒钱。

一般，“pub”的吧台设在酒馆的中间，并以墙为隔，分为左右两边。一边为“pub”，另一边则是“沙龙”。除了公用吧台服务员之外，“pub”和沙龙实际上是两个入口独立的不同空间。

那么，“pub”和“沙龙”有何不同呢?

“pub”是劳动阶层的娱乐场所，“沙龙”是中产阶级的休憩空间。这种身份区别论在英国的“pub”里被严格贯彻实施。尽管设施并无差别，相同的酒在沙龙

的卖价却要高于“pub”，有时甚至高出两倍。以韩国人的理论，既然是相同条件的两个酒吧，自然择其“实惠者”从之，何必去昂贵的“沙龙”？但是，对于有着强烈阶层意识的英国人来说，为了小小的价格差异就轻易改变阶层属性的行为同样不可理喻。虽然从外表穿着上无法分辨中产与劳动阶层的区别，人们也不会因此鱼目混珠冒充其他阶层。

阶级意识和阶层意识完全不同。阶级意识是差别意识，但阶层意识是忠于自身所属阶层的归属意识，阶层意识不包含高低贵贱的差别。英国人所持有的应该是阶层意识而不是阶级意识。

喝酒时，劳动阶层和中产阶层不会混在一起喝。社会上流也不会光顾“沙龙”，他们有属于自己阶层的“俱乐部”。

自古以来，英国就存在两个不同的阶层。其一是享有特权的上流阶层；其二是普通老百姓。这两个阶层有着天壤之别。英国的老百姓如今也常说“them and us”这句话，这里的“them”是指具有特权的上流阶层，即不同于“us”的另一个存在。

英国的上流社会大致分为贵族和绅士两大阶层。享有伯爵、侯爵等封号的公卿即为贵族。在韩国，古代公卿可能徒有其名，并无俸禄收入。但是在英国，为数不多的贵族们往往是“名利双收”。除去当代已经结束爵位的男爵之外，有贵族头衔的家族大致为 300 个。

由成分划分，绅士阶层又可分为两类。其一兴起于 16 世纪左右，借助纺织业的兴盛，引导英国完成了近代化进程，这是原有的绅士阶层。其二兴起于 17 世纪，名为“专业绅士”。他们是近代构筑大英帝国的功臣名将之后。这些人或是殖民地高官和高级将领的子孙，或是近代产业家的嫡传，又或是将伦敦打造为世界金融贸易中心的资本家之后。据推算，“专业绅士”的人数大约有340万。

与上流阶层相对的平民阶层，是由资本家和普通大众构成的。资本家阶层占英国国民总数的四分之一到三分之一，而大众阶层则占到三分之二。大众阶层又重新划分为熟练劳动者、非熟练劳动者和农民三个阶层。等级金字塔的最底层为外籍劳役。他们来自爱尔兰、南欧、北欧、亚非以及英国的各个殖民地。

如上所述，英国社会由上流阶层、资本家阶层、大众阶层和外籍劳役组成。各个阶层的居住区域、职业类别、风俗习惯，甚至所用语言都略有不同。阶层之间虽然有一些必要的交流，但不存在任何交集。尽管上流阶层和上层资本家阶层能够与贵族、绅士通婚，中层资本家阶层以下就没有奢望的资格了。

韩国人今天所学的英语，是英国白领阶层专用用语。当与劳动阶层进行正面交锋时，一番语言苦战恐怕就在所难免了。

英国的教育亦是阶层分明。上流阶层的子女在名为“Preparatory School”的特别预备小学中接受教育，随后进入相当于特殊阶层私立学校的“Public School”，最后升入牛津、剑桥等世界一流大学。简而言之，这些“天之骄子”们的教育之路从小就已经与“众”不同。

平民阶层的子女们在普通小学中学习，11岁时他

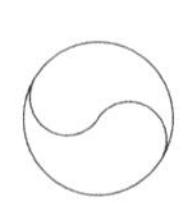

们必须参加国家举行的“11 岁考试”。少数通过者能够获得升学机会，而落榜的大多数孩子则会进入“Secondary School”，接受短期的职业技术培训。对他们来说，这不仅仅意味着失去接受高等教育的机会，更意味着从此将与上流社会彻底绝缘。

升入“Glamour School”的幸运儿们只要勤奋努力，就可以顺利进入牛津或是剑桥进行深造，最后甚至可以跻身社会领导阶层，一飞冲天。像这样，突破阶级限制、获得成功的人被称作“rockcrime 派”。出身于木匠之家的英国著名政治家路易·乔治就是这一派的代表人物。

女性主导型国家

美国社会学家乌尔夫提出,家庭事务处理权是决定夫妻双方地位的决定性因素。他把夫妻之间的相对关系分为四类:丈夫主导型、妻子主导型、夫妻一致型和夫妻自律型。

夫妻一致型是指双方像新婚夫妇那样举案齐眉,共商家庭大计的类型;自律型则是夫妻双方各司其职,互不干涉的类型。根据乌尔夫的调查结果显示,夫妻一致型在美国家庭中占绝对优势。下面,我们就利用乌尔夫曾用过的几个问题将美国与韩国做一下对比。

无论是在美国还是韩国,丈夫的职业都由其本人决定。在决定妻子回家省亲的日期问题上,美国夫妻共同商议,韩国则是妻子听从丈夫的安排。而至于婚后妻子是否外出工作,韩国妻子们同样要征求丈夫的同意。

当妻子想要买皮鞋时,美国夫妻仍旧互相商议后决定。而韩国则是由妻子全权处理,买价格不是很高的电子产品时也是如此。

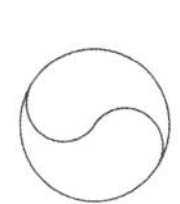

在存储金额和储蓄方式上，美国表现出夫妻一致型，而韩国则是妻子自律型。在美国，丈夫通常都会过问一周生活费的多少，而在韩国，妻子们则独揽财政大权。在孩子生病去哪个医院的决定权上，也大致表现出类似的差异。

虽然家家户户千差万别，但是大体上来说，在韩国，夫妻自律型居主导地位。从家庭地位内部的力量均衡来看，夫妻一致型是比较理想的。但是从力量强弱的角度来看，夫妻自律型则更加鲜明。

也就是说，在家务事的决定上，根据情况的不同，韩国妻子比美国妻子更有权力。谁掌握家庭财政，谁的力量就大，在这一问题上韩美两国也存在着文化差异。

相比较于丈夫掌握经济大权的美国家庭，韩国家庭多由妻子支配日常收支。根据乌尔夫的调查，78％的美国家庭账簿都由丈夫管理，在中国也同样是由丈夫掌握家庭财政大权。

韩国妻子拥有的权力主要包括家庭收支、子女教育、琐碎家务的处理以及家庭生活方式的选择等等。也就是说，在韩国，丈夫把每月的工资原封不动地上交给妻子，由妻子全权处理家庭收支。家庭的日常饮食、交际应酬、购物等费用都由妻子斟酌计算而定。

从严格意义上来说，美国的夫妻共同承担家务，不存在妻子独享的“主妇权”。但是韩国的妻子们却掌握着强大的主妇权力，拥有比美国妻子更大的“力量”。

笔者认为，家庭财政大权的归属差异根源于农耕社会与游牧、商业社会的不同属性。农耕社会的资产是粮食，不宜随身携带，因此农民收获粮食后只能将其储存起来以维持生计，这种资产的固定性使妻子管理家务成为可能。但是作为商业民族资产的货币却流通性极

强，并且必须由商人亲自掌管，这种传统便成为了西方丈夫掌握家庭财政的缘由之一。再从其他文化背景来分析，韩国自古便有男主外、女主内的传统，男人和女人的社会分工十分明确。

正因为这样，韩国丈夫若是越俎代庖，干涉家务，不仅有损自己的威严，也有伤妻子的体面。在韩国，模范夫妻是各司其职、互不干涉精神的贯彻者。也可以说，妻子掌握家庭财政的社会现象正反映了韩国社会的性别分工传统。

对于共同承担家务的一致型夫妻来说，丈夫的收入不高并不会动摇他的家庭地位，也不会招来妻子的埋怨。然而同样的情况发生在自律型夫妻身上时，丈夫的“吸金”能力极大地影响到他在家庭中的地位和尊严。即使不牵涉到挣钱能力，丈夫如果不能很好地履行分内责任，力量的对立优势将立刻偏向掌握家务权的妻子一方。

过去的韩国女性社会地位低下，备受压迫。然而这样不平等的状态得以维持数百年的关键，就在于韩国妻子们所拥有的有限的“主妇大权”。

3

一朵花的格调与品节

学历至上主义——社会之恶

俗话说，好事多磨。今天，在平等自由的门户开放面前，不仅有天使在微笑，也有恶魔在虎视眈眈——残酷的高考和学历之争接踵而至。

国家和社会在一年内的人才需求是有限的，而参加竞争的人却是需求的数万倍。这种惨烈竞争从高考开始延伸，将整个社会推入了恶性循环。而只要是竞争，就要拔得头筹这样的价值观念使青少年的思想意识发生了根本性变化。

第一，学习的目的不是为增长知识而是为赢得竞争。从某种程度上来说，现代韩国高中生的学习时间之长已经达到空前绝后的程度。然而，这种耗时耗力的应试学习不免让人有本末倒置之感。

加之，出题范围仅限于教材的应试教育，将学生完全束缚在课本上。学习时间在成倍增加，所学知识却在原地踏步。将这些被浪费的时间加在一起，足以完成一个博士课程。

第二，应试教育令青少年的创新思维和情感世界成为不毛之地。功利性的应试教育永远无法担负起激励创新、陶冶情操的崇高使命，它只能不断为社会输送自私自利、冷漠无情的应试人才，将我们的教育改造成应试人才的“加工基地”。

第三，不是你死、便是我亡的惨烈竞争，开启了人性之恶的潘多

拉之盒。在别人陷入困境时，学生们学会的不是出手相助，而是落井下石。

第四，即使为考试而焦头烂额的学生时代已经远去，在以后漫长的人生道路上，学习仍然被认为是达到目的的一种手段。学位、就业、升职、各种各样的资格证，这些就是学习的价值所在。如此功利的学习，也许对短时间内的自我提升有所帮助，却无法帮助学生达到开发自我、贡献社会的人生终极目标。

在国外，这种学习功利化的趋势也日益明显。在国际青少年意识调查中，各国学生认为“进入学校学习是就业和结婚的有利条件”的比例如下：

德国 24.8%

法国 33.4%

瑞典 35.8%

美国 35.9%

英国 40.6%

瑞士 41.7%

日本 51.4%

由于没有韩国青少年的调查数据，我们无从展开比较。据笔者估计，韩国的比例大概早已超过 50%，甚至有可能超过 80%。

第五，在学历至上的社会氛围下，加之随大流的心理因素影响，韩国人的这种学习功利化倾向更为明显。“因为别人都上了大学”或者“他都去了，我没有不去的道理”等人云亦云心理，令抗拒学习的学生们也选择了升学之路。

在一项关于升学动机的调查中，回答没有明确动机只是随大流的韩国学生的比例高达18%。在针对女大学生的调查中，比例甚至达到了27%。

前面提到的国际青少年意识调查中也有类似的问题，各国的比例如下所示：

德国 0.5%

法国 0.6%

英国 1.0%

美国 4.7%

欧洲人的理性思维使他们的行动目的明确，充满理性。因而人云亦云的人数比例小到可以忽略不计。不过，这种不甘落后的攀比心理也有利于激发人们的上进心。因此，在今后韩国的发展道路上，“随大流”意识也将会发挥其独有的作用。

如上所述，学历至上的社会氛围使青少年在后天形成了错误的价值观和偏激的思维方式，并在现实生活中留下了无穷后患：

首先是学生名落孙山后产生的严重挫败感；其次是应试学习带来的巨大精力浪费；再次是扼杀了学生多元发展的可能性和潜力。最终结果则是，国民之间不再互相信任，从而导致社会诚信丧失。

现在的青少年常常被称为“无力气”、“无关心”、“无责任”、“无感动”的“四无一代”，舆论将责任归咎于青少年。然而，这样的现象正是学生们自孩提时代起就长期受到压抑的恶果。

平等开放的社会优点，却因“学历至上主义”的弊病而黯然失色，甚至岌岌可危。

赌博在韩国

古罗马的塔西陀带着对日耳曼民族的敌对感写下了《日耳曼人》一书，从书中可以看出这个民族对赌博的热爱。

书中提到，"人们即使在没有喝醉的情况下，仍会把赌博看作是决定生死的大事。在钱财皆空时，甚至可以将自己的生命和自由作为赌注。若不幸再输，败者则甘愿沦为胜者的奴隶。无论败者多么年轻力壮，也会甘受胜者束缚。他们固执到了令人耻笑的程度，然而他们却将这种固执自诩为'信仰'。"

由此看出，从日耳曼时代开始，欧洲人的赌博就不再是单纯的金钱游戏，而是基于冒险精神的胜负之战。

所以，胜者要求的身价越高，荣誉也会随之成比例增长；作为赌注的钱数越多，冒险的精神力量就越强大。这种传统的欧洲式思维深深扎根于西方上流社会的赌博哲学中。

在加尔布雷斯的《不确定的年代》中也提到，赌博时重要的不是怎样赢得更多，而是怎样去输得更惨。

这个观点也体现了赌博的哲学。在众人的瞩目之下，尽管千金散尽却依然谈笑风生、泰然自若，这才是赌博对一个绅士而言真正的意义所在。

事实上，能够将金钱的损失置之度外，拿得起、放得下的人才能获得真正的成功。因为唯有输赢不形于色，勇于承担责任和风险的赌博精神才能打开人生的新境界。并且，作为迁移频繁的游牧民族，没有这种冒险精神是难以发展的。这与农耕社会力求安稳、排斥冒险的思维形成鲜明对比。

欧洲人的生活条件使赌博成为一种精神，从而不同于赌博在韩国受人鄙夷的负面形象。英国对赌博实行开放制，每五名成人中就有四名参与过不同类型的赌博。赌博业每年为英国带来五亿英镑的流动资金，创造的就业岗位多达五万个。

从某种意义上说，赌博之所以在韩国形象恶劣，可能是源于韩国人对冒险的排斥吧。

摆脱孤独的聚会文化

聚会文化的差别也是东西方比较文化中有趣的一点。从表面上看,韩国的筵席和西方的 party 都是以美食招待客人,并无差别,但其形成的意识结构和文化结构却有着天壤之别。

在西方,能够维持与他人的联系是生存的必要条件,否则便会逐渐被社会边缘化。游牧民族的迁移性、过早的商业化和城市化,使得人们居无定所四处流动,并时刻与孤独相伴。因而,若这种横向的纽带联系得不到确定和维持,人们便会产生犹如置身荒野的孤独凄怆之感。

与之相反,祖祖辈辈生活在同一个村庄里的韩国人,即使彼此之间没有接触,却仍然紧密相联。此时刻意地拉拢反倒显得牵强多余。

在现代社会,美国人每日以车代步,要么夫妻同伴,要么个人出行,只有通过人为的努力才能与他人建立联系。于是大家只能从车里走出来,呼朋唤友举办聚会。如若不然,就意味着与痛苦难熬的寂寞为伴。

在美国,老人和单身人士所遭受的孤独感尤其无法想象。来自不同地区、持有不同宗教信仰和有着不同肤色的人共存的交易型、城市化的美国社会，使得聚会不仅仅带有寻乐的意义，更是生存的必要条件。

另外，还有一种盛行于欧洲封建社会的“主从式”聚会，“法制史”中称其为“封建会议”。聚会上，人们在维持并巩固彼此关系的同时，还解决各种分封土地的纠纷。

与韩国“大家共吃一锅饭”的习俗一样，欧洲也有“共喝一杯酒，共享一份美食”的风俗。这可以说是以巩固纽带为目的的封建会议的遗风。这种“封建会议”起源于中世纪欧洲的商人联合会和手工业者联合会，后来逐渐发展成欧洲上流社会和贵族的聚会形式。

在欧洲，主人招待客人时，常常在餐桌上放一张白色桌布，它代表着主客同桌共享美食之意。据说在法国，如果聚会上有主人讨厌的客人的话，主人就会把那位客人面前的桌布撕碎。

据说在14、15世纪时，查尔斯六世有一次举行宴会，吉姚姆伯爵也在场。国王与吉姚姆伯爵素来不和，因为吉姚姆伯爵之父是杀害国王伯父的元凶。于是，宴会过程中国王命令仆人将伯爵面前的桌布撕碎了。

西方人的聚会是摆脱孤独的手段，它是人际关系中不可或缺的粘合剂。

在美国，维持人际关系的重要性融入了日常生活的方方面面，甚至从他们与人道别的日常用语中都能感受一二。在韩国，幼儿园老师在跟学生说再见时，会说“注意安全”，“再见”等，主题集中在告别上；而美国老师则会说“Cyndie，I had a nice day today”。同样，约会结束时，美国人也会说“今天玩得很愉快”，而不会像韩国人那样说

"您走好"。这种刻意维持彼此间的联系,从而让自己融入对方人际圈的告别方式也是聚会精神的延伸表现。

虽说韩国的聚会也有礼尚往来的交际意义,但相对西方而言,庆祝意味更加浓厚。所以,韩国人只在节日、花甲、结婚、生日等时候才设宴。因为庆祝的重点在于节日,而非人,所以韩国宴会期间准备的食物与其说是为客人准备,还不如说是为祭礼而准备的。

因此,深受韩国式宴会文化熏陶的韩国人,面对美国人的日常聚会就不得不目瞪口呆了。由此我们也可以知道韩国筵席和美国 party 的根本不同了。

随着韩国城市化的发展,农耕社会的共同体意识逐渐走向崩溃,维系纽带关系成为当地都市人的迫切需求。然而,韩国并没有西方式的聚会传统,因此,被称为"水买卖"的韩国酒吧文化便应运而生,并有了惊人的发展。

一朵花也有格调与品节

学生时代看过的电影当中，由赫本和布雷兹主演的《旅情》最为难忘。

影片讲述了美国小学教师赫本在威尼斯旅行时与已婚中年男子布雷兹坠入爱河的故事。记得电影中有这样一个场面：赫本不小心把布雷兹送给她的鲜花掉入了河中，慌忙之余她跑到河边试图捡捞，却一次次地与花失之交臂。身穿晚礼服、为一朵鲜花拼命奔跑的赫本让人幡然醒悟爱情的真谛。

当赫本坐的火车渐渐启动时，姗姗来迟的布雷兹出现在站台，却最终未能追上远去的火车。他手中的白色鲜花在半空中摇曳，与那晚赫本错失的鲜花一模一样。赫本从车窗中回头张望，百感交集。花的名字我早已忘记，只有那弥漫荧屏的馨香依然萦绕心头，久久不肯散去。

在电影和小说的熏陶下，韩国人也开始认同花是男人向女人示爱的象征。受西方影响，偶尔也会给爱人献上一束鲜花，或是在走亲访友和探望病人时借花表达心意。

在欧洲和美国的城市里，鲜花自动贩卖机和香烟贩卖机一样随处可见。鲜花被插在装有水的杯子里，投入钱币后，玻璃门就会自动打开。虽然“花”样不多，只有郁金香、康乃馨等简单的品种，但从杯

子大多数都是空的情况来看，销量之好可见一斑。

在西方，花已经成为了人们的生活必需品。即使是在休闲懒散的周末，其他商店早已关门大吉，花店门前依然人来人往。这是因为招待客人举办宴会一般都在周末进行。

我在希腊和意大利旅行时，常常看见各式各样的花盆，或悬于屋檐或置于墙头，情趣盎然。那些矮小破旧的房屋也因它们而平添几分动人生机。

说到花盆，人们常常联想到高贵的白瓷或是青瓷，然而那里的花盆却是由身份“低贱”的咖啡桶或啤酒瓶改造而来，往里面装上土、栽上花便是一抹掩不住的风景。

德国的冬季花园也是如此。在严寒占据了大部分时间的德国，人们却不忘在阳台或是室内整理出一个“迷你花园”。严冬腊月中，花香馥郁的迷你花园仿若童话中的另一个世界。西方人对花的钟爱可谓一脉相承。

在韩国，将花看作是爱情象征的事例亦是自古有之。新罗圣德王与水路夫人同行时，一位老人奉上从石缝里采来的杜鹃花并作了“献花歌”。

高丽忠宣王在中国元朝时，爱上了一位美丽女子。回到故土后，忠宣王送给那女子一束美丽的莲花，后来女子回赠了忠宣王一首诗。

送花之时鲜红似火，日渐凋敝恰似人情。

将爱情比作鲜花，古今中外并无差别。但韩国人唯独避娇艳不谈，却对貌不惊人、平庸无奇的“树花”情有独钟。

从朝鲜初期姜希颜[①]写的《养花小录》来看，那一时期备受韩国人青睐的花种主要有：梅花、石榴花、丹桂花、百日红、冬柏等树花，以及牡丹、菊花、莲花等花草。古人还对各种花进行了等级划分，一等花有梅、菊、莲、竹。比起花的外表，古人更注重花的品格。

《养花小录》里记录的养花方法如下：

栽花种草意在修身养性。无节无操之花，只可远观不可近玩。故可将其植于篱笆之下，不可亲之。否则，便如雅俗同处一室，格调尽无。

也就是说，对花之骨、花之魂的重视与否成为东西方“花文化”的分界线。寒雪中开放的梅花，晚霜里绽放的菊花，出淤泥而不染的莲花，岁寒而后凋的松柏，它们能够跻身一等花草的原因，不是因为外在，而只因它们内在的崇高气节。

古人喜欢将花草人格化，并依据其品格对它们亲疏有度。外表过于娇艳的花朵被视为是丧志之物，为古人所忌讳。

新罗时代的薛聪[②]曾向神文王上谏过一首著名的讽喻诗——《花王戒》。

在诗中，牡丹被誉为花中之王，玫瑰则是妖艳的美姬，白头翁被比喻成布衣寒士。当牡丹受美艳的玫瑰所诱惑时，白头翁忠言直谏，使得牡丹回心转意。

---

① 姜希颜(1419—1464)，朝鲜李朝初期书画家。

② 薛聪，朝鲜新罗时散文家、学者。

对于徒有其表的艳丽花朵，韩国人自古都是避之唯恐不及，而如白头翁般虽姿色平平却内涵丰富的花朵反倒深得人心。

因而，西方人为之痴狂的娇艳花朵在韩国却备受冷遇。低调朴实如鸡冠花、凤仙花、芍药等则集万千宠爱于一身。花的世界亦有三纲五常，这种韩国式思维是造成人花不相亲的最主要原因。

欧洲的“室内主义”生活文化

只生活在北纬40度左右的韩国人是无法理解北国人民的生活的。地理位置紧靠北极的欧洲，昼短夜长。寒冷的冬日，阳光如黄金一般珍贵。在那里，风雪连绵，四季以冬为主旋律。即使是在夏天，人们身上也大多穿着毛衣，这成为夏日中的一道独特风景。

阳光的稀缺影响了日耳曼人的信仰，他们的太阳崇拜即根源于此。虽然世界各地都有崇拜太阳神的风俗习惯，却唯有日耳曼人的崇拜最为热烈。他们一年中最盛大的节日是冬至，庆祝白昼由此开始变长。这一节日的起源与太阳崇拜也不无联系。

除此之外，今天的圣诞节即为罗马基督教与日耳曼的冬至祭的复合节日。在森林环绕、黑暗阴冷的北欧，环境令日耳曼人形成了独具一格的生活方式。

其中最明显的就是室内主义。人们需要一个能够御寒保暖的避风港，这个功能的担当者在古代是洞穴，现代则为房屋。虽然房屋的遍布世界每个角落，但像日耳曼人这样与外界完全隔离的房屋却是罕见的。在欧洲，家家必备的暖炉正是这种室内主义最好的证明。英国家庭的暖炉的高度一般不会超过户主胳膊肘部的风俗也是其信仰的体现。

英国哲学家霍格本说，日耳曼民族高度发达的编织手工艺、室内

音乐以及热爱读书的习惯都是室内主义的必然产物，这个地区之所以学术发达也是因为学术是一项室内工作。德国音乐发达而美术不发达，法国则恰恰相反。原因就在于，音乐是室内工作而美术属于室外工作。

举世闻名的英国、丹麦和瑞典的手工艺亦是室内主义的产物。此外，英德两国的室内摆设物和室内装潢业蜚声国际，也是源于同一理由。正是因为“宅”的生活习惯，人们不得不精心追求家具、窗帘等室内摆设和装潢的简易、实用以及美感。

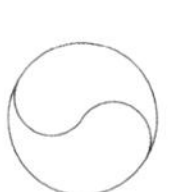

身份阶梯

尊重个性和能力的西方社会有着适才适用的社会传统，社会开放的冲击力因而得到极大缓冲。

近代化的韩国社会是360度全面开放的，西方则不同。在西方，一方面精英教育仍在施行，另一方面社会阶层的限制依然严格，因为社会的“保守性”开放，个人出人头地的机会少之又少。

特别是在英国和德国，类似的限制不一而足。像韩国这样个人教育机会和成名机遇平等开放的国家屈指可数。

然而，随着韩国社会权力地位之争、贫富差距和辈分制度等问题的加剧，人们成名出仕的欲望日益强烈。在辈分制度中，权力由男女、父子、师徒、主从、贫富、贵贱以及新手与元老之间的力量平衡来决定。

职场中的权力划分是依样画瓢，仍然以辈分为先。由于企业的内部等级结构为垂直分布，因而大大地激发了人们向高处攀爬的权力欲望。

与之相反，在职责重于职位的西方社会里，企业的内部等级结构是水平延伸的。均衡的权力分布使人们的成名出仕欲望得到最大限度的缩小。

美国人在就业之前会综合考虑各种因素。比如，这份工作需要

我做什么，一定时间内能够完成多少任务，这期间我能拿到多少报酬等等。犹如机器的零部件，只要各司其职、坚守岗位即可，并不需要考虑所谓的辈分和等级。

但是在韩国，从实习员工到正式员工，到班长、主任、副科长、科长、副部长、部长，再到副局长、局长等，职称众多，等级森严，宛然一幅职场身份阶梯图。

现代韩国人强烈的出仕成名欲望，正是韩国近代社会的开放性结构和上下分明的身份阶梯文化共存的产物。

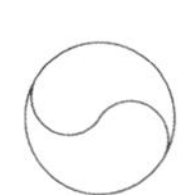

关系网

韩国人的“同类意识”很强。同宗、同窗或同乡，只要有一种能将人们连结在一起的关系，彼此间的不信任和敌对感便会消失。

“关系网”在韩国的人际关系中起着至关重要的作用，人们相互间的联系也就是“关系网”的联系。

东方人对“关系”的依赖度历来强于西方人，在韩国则尤为甚之。

笔者从以下几个方面分析了韩国人的“同类意识”强于西方的原因。

首先，是源于韩国以村落为单位的农耕社会的定居性质。对以狩猎或游牧为生的民族来说，周边环境和周围人都是在不断变换当中的。既无保持联系的必要，也无亲近感可言。

但是对于安土重迁的韩国人来说，祖祖辈辈生活的乡土和世世代代延续的乡情是难以割舍的。并且，农耕社会的工作多为共同劳动，这使得人们对“关系网”更加重视。

其次，是由于韩国发达的“谱系”文化。强烈的“祖先意识”和“血缘意识”刺激人们不断需要和扩张“关系网”。

最后，是韩民族单一性的影响。同一片土地、同一个民族、同样的语言、同样的文化、同样的衣食住行，这种共享和单一排斥了一切不和谐的异质因素。即，“异质排斥”思想强化了韩民族的“同类相

连”意识。

如上所述，韩国的这些独特因素使韩国人成为了世界上“同类意识”最强的民族。

坚不可摧的专业性

从某种意义上来说，韩国比西方更注重各个领域的分工专业化。

在韩国，普通老百姓对专家可谓崇拜之至。专家也想方设法为自己贴金戴银，希望获得他人的认同和尊重。

比如说，我在当英语教师时，也曾有意识地去维护自己的权威，总认为英语越难就越能显示自己专业知识的渊博，所以在讲课时会教给学生一些生僻的单词；考试出题时，也会故意地避“简”就“难”。

实际上，所有领域的专家或是拥有一技之长的人都会有意无意地夸耀自己成为专家的艰难与不易。所以，原本简单通俗的东西也会被人为地复杂化。

批评家们在论述某种理论时，对晦涩词汇尤为偏爱。当然，一部分是为解说得深刻有力，但更是潜意识里试图维护自己专业性和权威性的表现。

同样，学者们在写论文或专著时，弃“通俗”取“艰涩”的原因也在于此。文言文和外来词的大量使用就是其中一个表现。例如，简单易懂的“思考”偏偏改为生僻的“忖量”，学者专家们的“权威”情结可见一斑。

有一次，一位建筑学方面的专家在为初学者做一次名为“现代建筑理论”的讲座时，大量使用了“垂直移动装置”一词，会后有人问道：

"您所说的'垂直移动装置'指的是电梯吗?"那位专家一时语塞,答道:"对,通俗来说是这样……"

如果听众是建筑学的专业学者,引用类似的专业术语也未尝不可。但是对于初级学者来说,"电梯"无疑更加通俗易懂。这种专业术语的引用也是维护权威的手段之一。"通俗词汇不利于专业权威的树立!"在这样的潜意识作用下,专家学者们自然对简单易懂的通俗表达方式避而不用。

此外,类似的例证不胜枚举。笔者在此想要通过对比韩国和西方社会的权威敏感度,考查韩国人重视权威的原因,并且对照美国正在兴起的"人性化综合教育"思潮,分析韩国人对待权威的态度和立场。

韩国人对理工科出身却从事社会科学的人会投以异样的目光,对于出身国文系却投身数学研究的人也是一样。因此,换专业的人通常要不厌其烦地解释他们换专业的原因。在韩国,术业有专攻,一生只从事一种研究才是正常。而在西方,专业随时可以更换,一人同时拥有多个学位也不足为奇。

美国人常说"present specialty",直译过来就是"现在的专业"。然而韩文中却没有相对应的固定表达。专业随着时间的变化而变化,这样一个简单的词,暗示了美国社会更换专业的自由性。

在参观波士顿北郊塞勒姆的一家博物馆时,研究馆员的自我介绍让我记忆犹新。她说:"我的 present

spccialty 是考古学，past specialty 是太阳物理学。”

在韩国，专业就是自己的人生之路，在这条路上分心或是中途放弃都是不可原谅的。所以，更换专业或是拥有双学位的人，或被称为“奇人怪士”，或被认为恒心不足，更有甚者被揶揄为毫无用武之地。因此，更换专业者难免在其新领域受到排斥挤压。无论他在新领域如何出类拔萃，半路出家的身份足以令他毫无立锥之地，甚至遭受人格道德攻击。

当这个心灰意冷的人想要重回老本行时，情形又会如何呢？道路依然曲折。如果下定决心一定要回去，深刻反省、积极赎罪是必要的前提。

正因如此，在韩国，人们都试图尽早地确定自己的专业方向。从高中时就开始文理分科，并且过早地划分了美国研究生阶段才细分的专业。从此如“井底之蛙”，只能仰望头顶的一小片天空。

实际上，这种专业极端现象也是现代人对竞争的一种逃避。因为缺乏西方人适者生存的竞争意识，狭隘的专业化现象应运而生。

这种狭隘的专业研究不仅无益于专家本人学术视野的拓展，甚至成为其领域学术发展的拦路石。专家们一味强调专业性，把专业性作为挡箭牌，以此掩饰自己的实力不足和懒惰，专业的衰退也隐蔽其中。

由此，韩国社会的专家愈来愈多地呈现出幼稚化和片面化的倾向。

东西方的“储备”文化心理

韩国有句俗语：不和食陈年之米的人来往。这句话是告诫人们不要和那些只知囤积粮食的吝啬鬼打交道。当然，这里的囤积并非指储藏大酱、辣椒酱等需要长时间发酵的食品。节俭自古就是韩民族的传统美德，但“囤积”就是与吝啬相关的恶习了。

在韩国，经济不景气或非常时期时政府也会启动应急储备方案。但是会储备生活用品以备不时之需的韩国家庭却是凤毛麟角。正是这种储备意识的缺乏才会引起非常时期物品紧缺、人心恐慌的现象。

韩国的传统房屋并没有地下室。后来随着西式住宅的流行，地下室也进入了韩国人的生活。然而韩式生活中，地下室并未发挥真正的作用，顶多被用作仓库。

我也是在多次参观美国的房屋后，才领悟到地下室的真正用途，同时也意识到了东西方之间存在的巨大文化差异。美国家庭的地下室也储存杂物，但更多的是用作家庭食物储备基地。

从前的中北欧，人们将地下室用来储藏牛肉、蔬

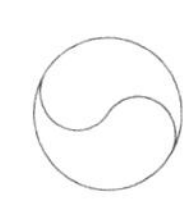

菜等食品。受这种传统的影响，现代人的地下室里各类罐头食品和饮料酒水也堆积如山。

地下室并不是储藏食物的唯一场所，美国家庭的厨房里常备有一个宽 1～2 米的食品储藏柜。那里堆放着各式各样的罐头，宛如超市里的货架。

除了地下室和厨房储藏柜之外，每个美国家庭还备有高约 1 米，宽约 2 米的冰柜，里面装满了各类速冻食品。

美国是个物资丰富的国家，开车只要花费 5～10 分钟就能到超市采购日常必需用品。然而他们为什么非要把大量的食物储备在家里呢？与之相反，物资匮乏的韩国为什么反倒没有形成这种“储备文化”呢？

有人把西方的储备习惯归结于第二次世界大战，这其实是不恰当的。若是二战的缘故，那么饱受战乱和灾荒之苦的韩国人应该更懂得储备才对。从根本上来说，美国的这种“储备文化”源自其祖先——欧洲人的风俗传统。

古代的社会学兼地理学家塔西陀在《日耳曼尼亚志》一书中提到，日耳曼人将食物埋在地下以防别人发现。由此看出，用地下室储藏粮食也是从那时的传统生活文化里演变而来的。

他们储藏食物的原因很简单。处于高纬度的欧洲中北部，四季实则只有夏冬之分。也就是说，一年之中有一半时间是收获全无的寒冬。北欧的观光巴士也只在 4 月到 9 月期间运营，其余时间都处于休业状态。

《伊索寓言》里“蚂蚁和知了”的故事也许不太符合韩国的实情，但对此，北欧人却有得深刻的切身体会。即，在漫长的冬日到来之前，不进行粮食储备就意味着死亡。

随着北欧移民的大量涌入，粮食储备的风俗习惯极大地影响着美国社会，尤其是处于高纬严冬地带的美国中西部。

回顾美国的西进运动史，"储备文化"的地位可谓举足轻重。为应付寒冬而埋藏在地下的土豆，因管理不善全部腐烂，数百人因此饿死街边；某个家庭在严冬捕获一只麋鹿，将其储藏在地下，最终全家人得以安然度过寒冬等等，诸如此类的故事比比皆是。一部西部生活史就是与寒冬对抗的历史。

韩国也有冬天，然而却无法与北欧的冬天相提并论。在四季不断交替的韩国，即使不做过冬准备，也不用面对死神的威胁。

另外，由于祖祖辈辈生活在同一个村庄，各家情况彼此心知肚明，村庄的人们患难与共。寒冬腊月时，大家共同分享食物。即使某家粮食告罄，也还有其他人家作为后援。

冬天过后，借出的食物总会以不同的形式得到偿还。像这样，在永久性定居社会，食物储备的必要性减少，较强的集体主义精神大大削弱了人们的储备心理。

也许正是由于韩国社会是以相互协作的集团支配而非个人支配为主，彼此共享生活用品的传统使得"储备文化"日益被人们淡忘。

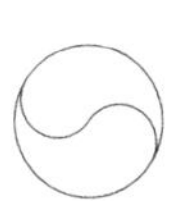

消逝的韩国青年文化

韩国行为科学研究所做了一项关于母亲和子女一体感的调查。调查结果显示，认为子女的成功就是自己的成功的母亲高达97%，认为子女的羞耻即本人污点的母亲达98%，将子女看成是自己身体一部分的母亲同样高达98%。

更令人震惊的是，在子女选择自杀时，毫不犹豫地回答要跟随子女一起自杀的母亲竟然高达58%。强烈的母子一体思想达到了令人难以想象的地步。

正是这种强大的上下关系使得韩国的青少年难以独立。青少年期的断层现象已经成为韩国生活圈的特色，也成为韩国文化的特色之一。

心理学中有一个叫作"边缘人"的名词术语，是指不从属任何一个领域的边界人。在只有成人和儿童的两极化生活圈里，韩国青年就是不属于其中任何一方的边缘人。

在古代社会，边缘人的存在是不被允许的。孩童通过结婚这种形式一跃"成年"。无论再怎么年幼无知，只要结了婚就被公认为成年人。于是，这些"小大人"们一边跑到厨房缠着妻子要锅巴吃，一边淘气地偷拿妻子的针线去作风筝线，一边还要被叫着"夫君"，戴着冠帽、携带妻子走亲访友。

相反，即使一个人已过而立，外表成熟。只要未经结婚大礼，在社会上就得不到“成年”的认可，甚至遭受低人一等的待遇。

这种界限的辨别基准在韩国解放后虽然有所改变，但“青年”仍然处在边缘地带。特别是由于社会高学历倾向、教育时间延长、服兵役以及就业难等问题的加剧，韩国人的青年期空前延长，然而他们在就业结婚前仍然依赖父母，无法独立。所谓的“游离人”指的就是 30 岁左右仍旧不能独立的韩国青年。

如此，游离在成人与儿童之间的徘徊期越长，青年自身存在的基础就越受到威胁，最终陷入自我迷失之中。

成年人的精神身躯与经济社会上的难以独立，这对不可调和的尖锐矛盾已经成为韩国青年阶层的核心问题。

美国对“青年”的界定十分清晰，因而他们的青年文化十分发达。从成为青年的那一刻起，他们的生活空间就随之有了质的飞跃。可以自由开车，可以自由夜间外出，可以参加舞会，连与异性的交往也变得理所当然。

笔者曾经参观过位于洛杉矶的未婚妈妈专门医院。入住这所医院的患者平均年龄为 16 岁，平均每年入院人数达到 15 000 多名。据说这种医院在美国随处可见。随着美国青年的独立，不负责任的性交泛滥

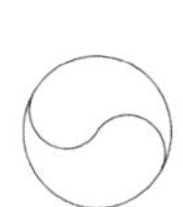

和离家出走等问题也接踵而至。

如果说，青年文化断层的韩国，问题是由外向内渗透；那么青年文化发达的美国，问题就是由内向外爆发。

何谓韩国“知名法官”

在韩国传统的流通行业体系中“经销商”最为发达。主业是中介业的“经销商”，还兼营仓储业、贷款业、旅馆业等产业。韩国的商业资本大部分都掌握在这些“经销商”手中。“经销商”产业的盛行与韩国的中介文化背景是密不可分的。

从房产中介的变迁中也能看出中介文化的一脉性。在村落共同体社会，人们经常举行祭祀活动，祈求无病无灾、五谷丰登、国泰民安。人们相信通过分食祭祀品，即“神人共食”的方式可以获得“神力”。

祭祀品的分配其实也是通过中介来实现的。最近所说的房产中介公司，在韩国被称为“福德房”，在过去就是起着给人们分配祭品的作用。

中国古代的《韩非子》一书中说，祭祀时用过的食物要分给祭祀者，这些被分配的酒和肉就被称作“福”。也就是说，人们从神那里获得的神力即为“福”。因此，人们分享祭祀食物的行为也叫作“饮福”。

从祭祀中得到的“福”，被认为是对参与祭祀者的祝福和报答，而参与祭祀本身是一种“功德”。由此，

“福”与“德”便合二为一了。

“福”的概念受佛教中“punya”概念的影响，并与“德”相结合，从而产生了“福德”一说。“福德房”，顾名思义，也就是福德的中介所。在中介文化发达的韩国，“福德房”成为了村落里人与人、物与物、财产交换的媒介。近代化以来，“福德房”的职能逐渐发生转变，成为房产中介。“福德房”文化也是韩国中介文化的另一种表现。

韩国人在吵架斗气时也深受这种中介文化的影响。“战争”拉开帷幕之前，韩国人有一句口头禅：“别拦我！”这正是打架之人意识到了作为劝架者的第三者的存在。如果没有这种意识，是不会说这种话的。

韩国人惯用激将法，总是先发制人，将自己置于“受害者”的境地。他们一边言语挑衅，说“你打你打”，一边主动向对方靠近。在直来直去的西方社会，这种要求率先被打的行为只会招人耻笑。但是在韩国，受害者的弱势地位显然更容易博取周围人的同情。强弱对峙，率先挨打的人反倒立于不败之地，这正是中介文化的效应。

韩国式的争斗逻辑不仅在个人之间、劳动者与经营者之间，甚至在法庭对决中都得到广泛应用。劳动者和经营者本身是一对矛盾体，相互冲突在所难免。在西方，这种冲突总是以一对一的对决形式解决。而在韩国，作为第三方的中介文化再次发生作用：他们通过劳资协商会议，进行调解和仲裁。即，由第三者出面来维持双方的平衡。

判决也是如此。所谓判决就是依据法律来决定原告和被告的利害对错。在美国，父母子女、邻里同事之间的利益纠纷，事无巨细均被诉诸法律，交由法官裁决。这种直来直往的美式处理方法，拒绝仲裁文化的介入，将法律作为判断一切是非的标准。

但在中介文化发达的韩国，人们只有在利益关系重大、迫不得已时才会求助法庭裁决。即使上诉到法院，原被告的私下和解率也高达 37％，而美国仅 2.5％。和解就意味着仲裁，能够和解的关键在于“重视仲裁”的意识结构。

在西方，法官的职责在于明断是非；而在东方的韩国，“名法官”的智慧是巧和稀泥，让当事者双方和和气气、各得其所。

天国的钥匙

在法国有这样一则笑话。

在天国，按惯例，国家元首到来时，上帝应该起身亲自迎接。但是法国总统戴高乐来到天国时，上帝却一动不动地坐在自己的宝座上。于是握有天国钥匙的圣彼得走到上帝跟前，附在耳边说："上帝，这是法国的总统，请您上前迎接一下吧。"

上帝回答道：

"不可能！万一我起来了，他把我的位子占了怎么办……"

在基督教文化圈里，人们认为有钥匙才能进出天国。《马太福音》第十六章中提到，耶稣把钥匙交给了圣彼得并说："这是天国的钥匙，现在由你保管。"由此，圣彼得被认为是天国的守护者。

也正因如此，圣彼得出现时总是手拿两把钥匙。被称为"cross key"的这两把钥匙后来由罗马教皇继承，象征着天主教至高无上的权力。

在天国，钥匙的威严也丝毫不减，不能不说明西方人对钥匙的重视程度。而向来信奉佛教和道教的韩国人，却没有关于开启天国或是地狱之门的钥匙概念。

把钥匙当作空间支配象征的并不只有神，帝王、封建主、地方长官、市长以及家长等人都把钥匙作为重要象征。所以，当城主把钥匙

交给某人时，也就意味着城池主人的更替。中世纪的欧洲，战败方投降时，也有递交钥匙的习俗。

因为钥匙是空间支配的象征，西方人在欢迎外国友人时，也会给对方一把“幸运钥匙”。拥有这把钥匙，也就意味着可以分享他们的空间。

在访问美国的芝加哥时，芝加哥市长送给了我一把“幸运钥匙”，说道：“现在芝加哥也是您的了！”此情此景，至今历历在目。

如开城女人送丈夫？

对于有着游牧和商业传统的西方人来说，离别稀松平常。他们并不像韩国人一般，面对离别如同面临世界末日，悲痛异常。

韩国有这样一句俗语："如开城女人送丈夫。"这句话常常用来影射那些待人漫不经心的人。下面让我们来看一下，开城女人为何对待丈夫的离开如此漫不经心、习以为常？

高丽灭亡，作为高丽首都的开城，曾经的富庶繁荣一去不复返。在新王朝中备受冷落的开城百姓生活开始变得举步维艰，不得不以行商为生。据说到日本殖民时期，行商人数已经增长到一万多名。他们背着行囊四处游走，每年的 5 月份出发，在端午、中秋和农历新年前后返乡。因为定期离家和回家，据说许多开城的孩子都是在同月同日出生。

严格说起来，一年或是半年一次的离家频率对韩国人来说依然过于频繁。因为，在交通医疗落后的过去，离别意味着各种可能性。遭遇劫匪、感染恶疾甚至是碰到野兽，每次离别都有可能成为诀别。

即使如此，开城的妻子们对丈夫的离开仍然轻描淡写，不甚在意。为什么她们不像韩国其他地方的女人一样，抓住丈夫的衣襟苦苦哀求他们不要离开？又为什么连送丈夫一朵鲜花的闲暇都没有呢？原因就在于，离别已成习惯。

无论是去年，还是五年前、十年前，面对的都是如昨日般的离别。离别作为商人生存的必要条件，已经成为开城百姓日常生活的一部分。没有对丈夫的苦苦挽留，也没有撒满心上人远行之路的鲜花，开城女子们就这样漠然地对待本该伤痛的离别。

这便是文章开头的俗语的来历。

理解了开城人对待离别的漫不经心，就不会再讶异于西方人和阿拉伯人面对离别时的冷漠淡然了。

十三世纪前后，西方的农业尚未成熟，游牧业和商业占据主导地位。农业逐渐兴盛后，游牧和商业也依然不见颓势。农业以“定”为魂，游牧经商以“动”为生。一如开城妻子们习惯了丈夫的离开，西方人面对离别时也早已失去了最初的多愁善感。

基督教的自杀禁令

据《朝鲜教会史序说》记载，在天主教的教义中，自杀是不可触碰的禁区。自杀与地狱直接相连。教会不会为自杀者举行丧礼，更拒绝为其下葬。欧洲的自杀禁忌深受天主教教义的影响。

其实，基督教教义中原本并没有"自杀禁令"一说，圣经里也找不到禁止自杀的只言片语。"十戒"中也只是提到不许杀生。

实际上，公元313年，罗马皇帝君士坦丁大帝即位后，自杀才正式被列为禁忌。在古代罗马，自杀也曾是维护自身名誉的手段之一。遭受强奸的妇女选择自杀来维护自己的贞洁，被看作一种美德；在罗马帝国的宗教迫害时期，基督教徒在选择是殉教还是背弃信仰的问题上，自杀殉教亦是被提倡的。

基督教里将自杀罪恶化的始作俑者是阿乌古斯。他认为，无论出于何种原因，基督教徒都不可选择自杀。随后在各地举行的教徒公共会议上，这一自杀禁令得到了普遍认可。在法国阿尔勒，公元452年、563年、693年举行的公共会议上，人们达成共识，教会将拒绝为自杀者举办葬礼。

随着天主教组织的日臻完善，自杀禁令成为一条不成文的规定。天主教神学的集大成者托马斯说，自杀之罪远甚于谋杀。诗人但丁在《神曲》中描绘了自杀者死后在地狱里受尽折磨的情形。世俗势力

设立的对自杀者的刑罚，也是源于天主教的这一教义。

英国的爱德华国王曾经颁布一条诏令：自杀者等同于谋杀犯，死后财产全部充入国库，尸体由马车拉着游街示众。法国路易九世时，还设立了自杀与他杀同级的刑罚体系。

宗教改革以后，随着天主教地位的动摇，新教派的一些人开始对自杀禁令提出抗议，然而效果甚微。此后，天主教国家意大利于公元1931年正式废除了有关自杀的刑罚规定，新教国家英国却仍然在亵渎自杀者的尸体并没收他们的财产。

英国的自杀禁令原封不动地移植到了美国。在那里，自杀虽然不受法律制裁，却被社会道德排斥。人们蔑视自杀者，认为自杀是失败者的懦弱行为，是对自我过失的逃避。

“要留清白在人间”
——韩国人的自杀

高宗 8 年，美国海军为报复谢尔曼将军号被焚事件，出兵占领了韩国江华岛的广城炮台。全部由壮丁组成的韩国精装部队虽然誓死坚守庆兴阵线，却最终无力抵抗美国的坚船利炮。

美国海军逼近炮队内部时，誓死抵抗的将士们纷纷投江自尽。“海面上泛起无数白浪，如同漫天飞舞的白色花瓣。”一位参战的美国将军这样描述道。

没有自杀的将士们大都身负重伤行动不便。即使这样，面对美军时，他们仍然指着枪口只求一死。美国人难以理解眼前出现的情况。这就是新教徒与韩国人的自杀观差异。

在名誉高于生命的文化圈和没有这种思想意识的文化圈里，人们的生死观只能如此不同。

韩国人在遭受冤屈时，往往选择自杀来表明自己的清白。被冤枉就意味着自己的名誉已经受到了玷污，于是韩国人以死明志。无论在何种情况下受到何种冤屈，自杀都是洗刷冤情、维护清誉的万能手段。

所以，在韩国的传统社会，有辱家门的丑闻不可有，否则，丑闻的

当事人就必须一死以谢天下。

正祖11年，李堰的家族中传出年少守寡的侄媳具氏红杏出墙的丑闻。传闻的真假无人在乎，重要的是家门荣誉已经被玷污。

事情发生后，家门亲戚当众用丧服带抽打这个可怜的女子。寡妇的哥哥当时也在场，然而他不但没有帮妹妹求情，反倒比亲家更加严厉地斥责妹妹败坏门风，并用抹布堵住她的嘴，拳脚相向。

年轻的寡妇被拖到了江边，裙角上系上了大石块，然后被无情地扔进了江中。就这样，可怜的年轻寡妇就这样在深夜被杀害。后来，家门中人称寡妇为表清白，已经投河自杀。这种"为维护名誉杀人"的事情在古代韩国屡见不鲜，也佐证了"士可杀不可辱"的思维方式。

但是在欧洲，蒙受冤屈时自杀不仅于事无补，反倒成为认罪的表现。对于欧洲人来说，自杀不是在维护名誉和清白，而是向世人供认自己的罪行。因此，愈是冤情深重，则愈要珍爱生命、远离自杀。

阴沉而忧郁的欧洲

在达赖撰写的著作《朝鲜教会史序说》中,我们可以看到他对韩国纱帽的描述。天主教受迫害时期,法国神父们头顶韩式纱帽、身穿韩国道袍,暗中进行传教。这本书就是在他们的所见所闻的基础上整理而成。

“帽子的样子十分可笑,戴起来也碍手碍脚。刮风的日子极为不便,既不能遮阳也不能挡雨。”

一句话,就是将韩国的纱帽描写得一无是处。

在他们眼里,既不能遮风挡雨,又不具备防晒功能的帽子简直是尸位素餐。因为帽子的基本功能就是保护头部不受外部环境的伤害,如狂风、暴雨和烈日。

自开化期到解放初期,韩国人常戴一种名为“鸟打帽”的帽子。这个帽子的原产地为英国。由于英国本土常年烟雾缭绕阴雨绵绵,保护头发的帽子成为当地人的生活必需品。谈起英国绅士,我们最先联想到的便是身穿巴宝莉风衣、手持雨伞的经典形象。正如在潮湿多雾的气候条件下,风衣和雨伞必不可少一样,“鸟打帽”也是这种水土气候的产物。

正因如此,为免头发“惨遭荼毒”,即使没有戴帽习惯的游客们来到英国后也入乡随俗了。

中北欧的气候大都阴冷潮湿。“欧洲”这个单词本身就会让人联想起阴沉。它的词源是亚述语的“西洋”，即太阳落山的阴暗之处。“东洋”与其相对，意指明亮温暖的日出之地。两者相较，“欧洲”难免略带忧郁阴沉的气息。

古希腊史学家希罗多德的《历史》里也描写到，东洋代表一种生机勃勃的希望，而西洋则是阴冷沉郁的象征。对当时最发达的希腊来说，日耳曼欧洲是尚未开化的野蛮之地。这种印象与古时中国对匈奴、韩国、对女真的见解如出一辙。

我们可以通过塔西陀的《日耳曼尼亚志》知道，当时希腊人对阿尔卑斯山脉那头的欧洲人持有怎样的想法。

“没有战争的时候，少部分的人会去打猎，但是大多数的人终日游手好闲。年轻力壮的男人们将自己力所能及的家事和农活推给家里的女人。”

虽然不排除这些文章在描述外夷时存在夸张的嫌疑，然而欧洲的阴郁形象在当时似乎已深入人心。

提及欧洲，我们会很自然地联想到以英、法、德、意等国家为代表的整个欧洲大陆。但是，实际上他们代表着迥然不同的两种文化。以阿尔卑斯山为界，可以分为地中海沿岸的拉丁族和山脉以北的日耳曼族。这是两个不同的世界。隶属拉丁族的法国人离开了葡萄酒就无法生活；然而一海之隔的日耳曼英国人则

钟爱茶叶。

同属日耳曼族的英国人、德国人和荷兰人有着相似的语言和生活方式。虽然英语、德语、荷兰语各有差异，但是在日耳曼的语言世界里，他们不过是不同的方言而已。

有这样一则笑话。荷兰人用荷兰语向英国人问好，结果英国人说："你的英语还不错啊。"由此我们可以看出英语和荷兰语在结构和发音上何等相似。

处于英语圈的苏格兰人习惯将湖水读成"loch"而不是"lake"，这种读法总给人感觉有点像德语。日耳曼族内的国家之间，民族亲近感浓厚，但对于一山之隔的拉丁欧洲却有如同外族般的疏离感。

自然与家的融合

在崇尚室外主义的拉丁欧洲，房子的内部设计大都朴素简陋，所以德国人把那些陋舍寒屋称为“法国的房子”。

在意大利和法国，露天咖啡馆人气火爆。另外，城市内集市和公园人烟阜盛的原因也在于他们对室外主义的崇尚。用餐和社交基本都在室外实现，室内只是用来睡觉的地方。所以，坚固的外表和华丽的内部装修都不是房屋的必需。

在室内主义和室外主义的选择上，韩国人无疑偏向了室外主义。他们的房屋简陋朴实，并不是经济落后或者未开化的原因，而是没有非此不可的理由。再加上韩国人自古以户外农耕为生，长期的室外活动使得房屋的意义仅限于遮风挡雨。

外国人大多认为，韩国庭院缺少鲜花的原因是人们缺乏审美意识。事实上，以天为盖地为庐的韩国人追求的是天人合一，并不屑于将自然囚禁在室内。

门前绿水青山养人眼，屋后田园山花笑烂漫。又何必多此一举将花草囚于庭中呢？

与欧洲人远离自然的作风相反，韩国人热爱自然，乐于融入自然。西方的“门”将自然拒之于外；韩国的“柴扉”通风换气，让家与自然同呼吸。也就是说，韩国人的“家”是自然的一种延伸。

这种差异亦体现在帽子上。西方人的帽子具有西方“门”的性质——阻隔自然；韩国人滑稽的纱帽有如他们的柴扉，是对自然最诚挚的邀请。

4

韩国人的“功名观”

——期待“高”处的风景

韩国人的"全球性"同类意识

说起经商高手,人们往往就会想到希腊商人、犹太商人和印度商人。他们都有一个共同经验,那就是只要很好地触发东方人的"同类意识",他们就会掏出荷包慷慨付钱。

在希腊旅行时,我寄居在当地的一间民宅,过了三个月伙食自理的生活。因为要自己做饭,所以小杂货店便成了我早晚都要光顾的地方。一进小店,店主在问你需要什么东西之前,总会先询问你的国籍。

如果回答是韩国人,大部分商人就会一边说着"噢,我的兄弟"、"噢,我的朋友",一边与你紧紧拥抱,更有甚者会很夸张地要亲吻你。

除非我的祖先是希腊混血儿,否则绝无那么多兄弟遍布在这希腊半岛上。初来乍到的我,在这里竟然"蹦出"那么多兄弟朋友,这其中显然隐藏着他们独特的逻辑。

在韩国战争时期,曾经有一个希腊中队作为联合军的附属驻扎在韩半岛。那些士兵中自然会有人是这个商人的兄弟和朋友,也就是说,他的兄弟和朋友曾经在那个国家从过军,而你又来自于那个国家,那么他和你就并非是陌生的关系。

在他们看来,不管是什么名分,只要能够显示出他们热情友好就足矣。

即使拥抱的理由微不足道，但是韩国人在拥抱前与拥抱后仍然会发生变化。因为对于有强烈同类意识的人，他们的同类意识一旦被触发，意志和理性随即会变弱。

一般来说，当你到小店购买物品时，空手而归的情况往往要多于满载而归：或是不中意商品的款式和颜色，或是觉得别的商店的价格更便宜一些。

如果没有被他们拥抱，在不想买他们的商品时，我就可以毫无负担地离开。但是，一旦被他们拥抱过，就总觉得应该买点什么。即使没有想买的东西，也会去选一盒从未抽过的烟或买上一瓶可乐，然后才能轻松地从店里走出来。

那么对白人呢？他们是否也会刺激其同类意识？我对此留心观察了一番。结果发现他们与白人除了正常的商品交易外，不会进行多余的交流。因为他们通过实践证明：即使你把“噢，我的兄弟”改成“噢，我的爸爸”，白人对于不想买的东西仍然不会买。

希腊人是对进入商店的顾客进行“同类意识”刺激，而犹太人则是不放过任何一个经过自家店门前的东方人。

事情发生在伯利恒的一家礼品店门前。我正从门前走过，40来岁的店主从店里走出来，问道：“可口可乐，还是百事可乐？”我纳闷了：在他看来，我是长得像个可乐瓶，还是脸上的表情在对他说“我想喝可乐”？

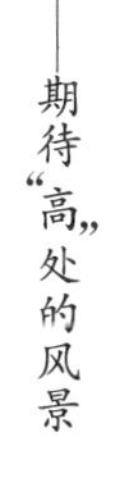

直觉告诉我这可能是某种隐语。但是，我并不清楚它的含义。尽管大可不予理睬，但是作为新闻记者的我很清楚，仅仅因为不知道就这样不理不睬的话，就永远找不到可写的新闻题材，所以积极参与自己未知领域的事情，已经成为我的职业惯性。

我回答说："可口可乐，百事可乐都可以。"没承想这个犹太人怒目圆睁，唾沫星子横飞道："怎么能够两个都选啊，应该只选一个。"

我不明就里，总之觉得是自己选错了。既然只能选一个我就回答说："可口可乐。"

这时眼前火冒三丈的商人才变得和颜悦色，嘴里说着："噢，我的兄弟！"便张开双臂拥抱我，还要来个亲吻。

看到我惊慌失措，为我做向导的犹太大学生解释说，"可口可乐"和"百事可乐"在以色列圣地是人人皆知的隐喻，前者指的是天主教，后者指的是基督教。

来到圣地的东方人大多是基督教徒，但是我却回答"可口可乐"，所以，他以为我信仰天主教。听到我的回答后店主慷慨相拥，也是因为相信我是天主教徒。无论什么肤色，不管哪个民族，只要共同信奉天主就是兄弟姐妹。也就是说，他们想利用宗教来刺激我的同类意识，把我招揽到他的店里。

经商高手希腊人和犹太人，他们抓住东方人强烈的同类意识的特点，将其巧妙运用，牟取了巨大的商业利益。

韩国人的空间意识

无论是生活中还是工作中，个人空间和公共空间的区别已经取代线性思维的职务主义和面性思维的职场主义间的区别。

生活在现代高楼里的我，偶尔也会想独自呆在传统韩屋的舍廊里。并非高楼里没有我的独立空间，只是我深刻意识到，这个空间无法完全属于自己。

即使房间里只有我独自一人，房外的说话声或孩子们嬉戏的声音也总会传入耳际。我总是按捺不住自己的心情，最终走出这个空间。

像这样，韩国的个人空间从客观上讲缺少一种"排他性"。这并不仅仅是针对我一个人而言，孩子们也是如此。除了学习时间外，他们从不会静静地呆在自己的房间里。一旦看完书，他们会迅速地走出自己的房间，来到全家人聚集的大空间里，一动不动地趴在电视机前。实际上，对韩国的家庭而言，"个人空间"是有名无实的存在。

韩国人是通过这种家族的聚集来寻求心理安定的。但是，欧美人似乎只有处于完全隔离的独立房间

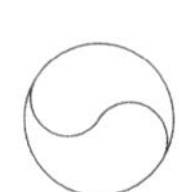

时，才能够得到心灵上的安宁。即使是妈妈要进儿子的房间，也必须先敲门征求许可；即使是去家里的餐厅，也要像在公共场合一般，穿着体面。像某些韩国人那样穿着邋遢的睡裤就到马路对面买烧酒的情形，简直绝无仅有。因为对于西方人来说，个人的空间是完全独立的，具有强烈的排他性。

在韩国，不仅仅是在家里，我们的祖先在客栈里和素不相识的人共住一间房、同盖一床被，也能够处之泰然。行脚商、小贩、盐商在沿途村庄某一人家的厢房里，与萍水相逢的人们同住同睡，甚至有些杂货商人携同自己的妻子一起睡在陌生人的一旁。

这样，喜欢共享空间的韩国人和排斥共享空间的西方人，在办公室的空间结构和业务执行结构上也显示出不同。

按照韩国职场的惯例，局长或理事以上的职位，或者子公司社长以上的职位才有资格配备个人办公室。其余的职员无疑是同一科、同一部门，或者是两三个部门共享一个大的空间。

但是在美国，员工大体上都有自己的办公室，最起码经理以上的职务都会享有独立的办公空间。而共享一个房间的人数通常在三四名左右。

而且，美国人将个人空间视作私人空间的倾向较为浓厚。所以，不经主人的许可是不能够随意进出的。

记得曾经有一次，为了查找与韩国有关的文献资料，我去美国华盛顿的国立资料保管所，并在副所长的陪同下拜访了有关负责人。如果是在韩国，副所长毕竟是上司，自然可以自由出入属下的办公室。但是这位副所长足足等了 15 分钟，得到负责人秘书的许可后进入。

当我来到一个叫《塔尔萨时报》的地方报社时，接待我的是一位评论委员长。他在自己的部下——一位评论委员的办公室前等了10多分钟后，才得到主人的“接见”。虽然是等待多时的上司和外国宾客，但是主人仍然没有将我们请进办公室，而是就那样站在门口交谈了30多分钟。

在韩国，职员在同一个空间工作，所以会尽量考虑到前后左右的人。为了防止各自的业务发生摩擦冲突，相关负责人会在各部门的业务衔接点采取折中的办法。如果发生了摩擦，相关负责人——不管他们是上下级关系，还是同事关系，或是私人关系——都会亲自出面调整，直到找出皆大欢喜的解决方案为止。例如，负责人会事先向A科的有关职员探询事情的可行性，经过调整后，再提交至上级。

但是，在互相独立、拒绝随意进出的办公室中，工作的进行方式是截然不同的。在这种状态下，每个人要明确各自所承担业务的质和量。为确保各部门之间不会出现业务“盲区”，上级要对每项业务进行周密的计划。每个人只需专注自己的职责范围，不需要也不能够瞻前顾后。

当工作发生冲突时，与工作负责人无关，直接由统筹业务分配的上级出面调整。西方企业大都备有名为“Position Description”的职位说明书。员工在就职后，按照协议，完成说明书上规定的相关工作就可

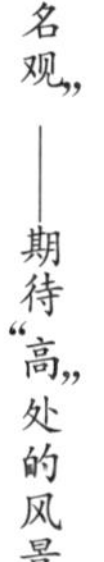

以了。

在韩国，如果接到同事电话称自己因感冒卧病在床，接电话者明明不是上司，却会跟对方说好好休息三四天。因为这个同事的工作，完全可以由包括自己在内的其他同事共同完成。因为这种“公共空间工作”的业务结构，所以大家可以大发善心。

西方的公司体系以工作为中心，所以“个人空间主义”发达；韩国则以人为中心，所以“公共空间工作”很普遍。也可以说，因为“个人空间主义”发达，所以形成以工作为中心的结构；因为“公共空间工作”普遍，所以才以人为本。

“公共空间”文化发达的韩国，人们同处一室共同工作，人际关系自然变得密切，业务成果反而更多地受到人际关系支配。因此，与西方不同，比起职员的工作能力，韩国公司更重视品格和协助能力。

如今，韩国企业中存在的最大问题就是“公共空间”文化与公司结构的冲突。韩国人的意识结构是“公共空间主义”，但是企业从海外引进的却是“个人空间主义”结构。职员还没能够摆脱“公共空间主义”，即人际关系的束缚，企业却要求实行“个人空间主义”，即要求个人突出的工作能力。还没等这两个要素融合、折中，业务结构的背离性却日渐增长。从企业效率上来看，无论是“个人空间”还是“公共空间”，偏取一方的行为都是不值得提倡的。

忽视意识结构而谋求企业结构的转变，注定是竹篮打水一场空。人际关系和能力主义并非水火不容，在适当的范围内寻找适当的方法，将两者进行中和，先创造具有韩国特色的企业文化结构，再“播种浇水”，使其在韩国社会“生根发芽”。

垄断富翁

1883年的春天，马普的京江客栈老板金在纯，意识到前一年的洪水灾难可能引起粮食短缺，于是买断了市集所有的粮食。

由于拥有雄厚资金，运到马普的粮食很快都进入了金家的仓库。于是，马普粮价一夜之间暴涨。

生活贫困的马普老百姓，误以为是市集粮店的老板囤积了粮食，于是三五结群四处焚烧粮店，引起了不小的骚动。

因为此事，训练大将赵万永、禁卫大将李铁求和御营大将李唯秀等相继被降职；同时，市集监督机关平市署提调朴齊一被免职，七名骚乱肇事者被捕入狱。但是粮食的价格依然居高不下。一个月后人们才发现，幕后黑手是京江的东幕客栈老板金在纯。于是将其严惩，粮价才恢复正常。

这个事例足以证明垄断的祸害之大。所以，韩国有一句俗话："三人结党，价涨一半；五人结党，价格翻倍。"

历史上，韩国一夜暴富之徒无一不是依靠囤积

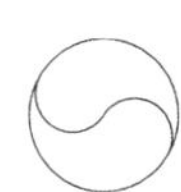

垄断。

燕岩朴趾源的《许生传》中，主人公许生就是通过垄断致富的。

南山黑籍村许生，身处陋室，终日埋头诗书。因与妻子斗气，来到长安首富边氏家中，求借一万两白银。因深知许生为人，边氏二话未说，将一万两白银交付于他。许生拿着钱，来到了盛产水果的安城，以市场价格的一倍，将大枣、栗子、梨、柿子、橘子等悉数买断。这种垄断在韩国有一个固有的词汇，叫作“通吃”，他们将垄断富翁叫作“通吃富翁”。

因为许生的水果垄断，全国上下无法进行祭祀。无奈，那些水果批发商只好以原价的十倍，重新从许生那里买回水果。一夜暴富的许生，又前往济州岛，将制作网巾的原料——马毛一举买断。于是，一夜之间网巾的价格水涨船高。

成为巨富的许生将一百万中的九十万救济穷人，剩下十万归还给了边氏，自己却两袖清风重新回到了小破屋。边氏将十万白银退给许生时，许生说：“若我贪恋钱财，又怎会买椟还珠，舍百万而取十万？鄙人粗茶淡饭足矣。”最后边氏依照许生的要求，每月往许生住处送粮食和布匹。每次许生都只取所需，从不多占分毫。

韩国开化时期，首富上快也是一名垄断巨富。早先，上快、上信兄弟在安东名门金氏家族中卖身为奴。为获取主人信任，兄弟俩计上心头。他们一分两分地积攒，终于攒足了十两银子。

有一次，夫人给了上快五钱，让他到市集买沙果。上快从自己的储蓄中拿出了二钱，买了七钱的沙果交给夫人。将昂贵的沙果便宜买进的上快，很快得到了主人的信任。

最后上快兄弟不仅掌管了仓库的出纳，就连寺洞村老爷家的所有财产都由他们管理。兄弟俩利用职权之便，联合独岛客栈老板，买断了盐和柴碳之后待价而沽。通过这种方法，上快兄弟很快成为了首屈一指的富翁。

古代韩国的暴发户无一例外都是依靠垄断致富。这就意味着韩国社会具备了“垄断”赖以生存的温床。

其中最主要的因素是，韩国人缺乏未雨绸缪的“储藏意识”。但凡每个韩国家庭都储备一年以上的生活必需品，哄抬物价的投机商就不会有机可乘，“垄断”赖以生存的温床就不复存在。然而，正是“储藏意识”观念的稀缺，韩国经济才备受垄断的威胁，垄断巨富也得以层出不穷。

日益增长的“父子之家”

出于对离婚的恐惧，今天的美国人开启了前所未有、形态各异的婚姻生活“新时代”。比如说，因为离婚时孩子问题会很麻烦，所以有的夫妻干脆决定不生孩子。也有的年轻人在不到20岁时，就做了节育手术。更有甚者认为婚姻生活合久必分，所以只愿同居不愿结婚。由于对离婚的恐惧，一部分人宁愿选择单身。特别是在单身男性中，80%的人不结婚的理由是离婚在经济上对男方不利，男方甚至会因此而倾家荡产。

在韩国，夫妇离婚，大多是女方搬离家庭。而在美国，离开的却是男方。虽然在美国宪法和州法中都没有明确规定。但是，“妻儿留守家中，丈夫打包走人”俨然成为了一条不成文的规定。

另外，夫妻双方的财产在离婚前为双方共同所有。离婚后，无特殊情况则由双方平分。储蓄、房产、股份等易于操作，但是夫妻生活期间积累的各种共同财产却难以一一平分，比如双人床。此时，法律的天平常常会偏向抚养孩子的女方，男方则成为俎上鱼肉任人宰割。

并且，离婚时男方还要支付女方巨额的离婚补偿费。不仅如此，孩子成年以前所需的抚养费和教育费，男方也必须分担。简而言之，男性半生努力所得将会在离婚的一刹那化为泡影。所以，愈来愈多的人选择单身亦是情有可原的。

然而，单身主义者也有延续家族香火的愿望。即便不是出于此目的，比起一个人孤苦伶仃，父子两人相互陪伴的生活更安定，也更令他们向往。

阶层分明的西方国家

如果大家认为，欧洲和美国的教育机会与韩国一样平等开放，那就大错特错了。

英国的“11岁考试”，很早便将孩子们的未来一分为二。名落孙山的孩子只能接受普通教育，最后进入职业技术学校；通过考试的幸运儿们则有机会接受精英教育，成为社会栋梁。英国的教育就是这样一筛二选的差别教育。

因此，欧美不像韩国那样各类大学星罗棋布，因为他们根本不需要。在法国，每年毕业于最顶尖的“法国综合工艺大学”的天之骄子不过300人，此外加上名牌大学“法国大学校”的毕业生也不过2 000人。这些毕业生的父亲十之八九也出身于“法国综合工艺大学”或“法国大学校”。这意味着精英教育对身份阶层的严格限制，它是中上层阶级享有的“特权”。

毕业于“法国综合工艺大学”的300名学生中，一半以上会成为民营企业的高层管理人员，另一半则会经过专门的教育成为高层官员。这种倾向在德国和意大利也不例外。

在英国，即使是毕业于牛津大学的高材生，若出身贫寒，其社会地位也难有提升之日。

自诩为世界上最平等国家的美国，阶层歧视之严重也令人惊诧。

美国的不同阶层之间几乎没有联系。生活区域、就读学校,甚至谋生手段也受阶层限制。

比如,白人聚居区,不欢迎韩国人的迁入。如果一个地区韩国人多于白人,白人会卖掉房产举家搬迁。家庭住址是一张最好的"名片",它传递着个人的阶层、职业甚至收入等详细信息。

有一位德国学者对德国的阶层做了如下描述:

"当木匠的儿子想成为一名作家,梦想是否能够成真呢?由于从小的教育差异,他所用的词汇和语法将与上流社会格格不入。结果便可想而知。"由此可见,德国社会的阶层差别表面上虽已消失,其深层次的阶层意识却依然存在。

博鲁盖尔①的《被遗忘的时代》里说道:"下层人民从事学术性工作的机会极其罕见。因此,他们即便再努力,也因为小市民的自我贬低意识,无法从自己所属的阶级中逃离出来。"

对德国人的意识调查表明,有72.1%的人认为:父亲的职业和阶层决定自己未来的命运。仅从这一事实就可以看出,德国的教育机会以及与此相连的人生成功机遇是何等的不公平。

在欧洲和美国,虽然阶层划分制度已经废除,但是在社会生活的深层结构里等级思想依然活跃,甚至

① 博鲁盖尔(1525—1569),16世纪德兰地区画家,多以农村生活作为艺术创作题材。

不亚于等级森严的印度种姓制度。

尽管韩国社会也存在贫富差距,但是相对西方的阶层分明来说,韩国的学历至上主义至少为每个孩子打开了平等公平的教育之门。因为这一点,韩国的青少年已是无比幸运。

东西方赌债文化比较

关于赌债，东西方各有定义。在韩国，赌债和一般的债务一样，双方签订偿还协议并规定还款期限。即，赌债的偿还是合乎法律的一项义务。如果不能按照契约及时还款，轻则倾家荡产，重则卖妻卖女。所以，在古代，还有因为赌债纠纷告到官府的先例。

当然，虽然赌博是违反禁令的，但是也有解禁的时候。例如，国王举行重大仪式的前夜，在宗路大道边举行的赌博，以及丧家在治丧中通宵守夜时举行的赌博，等等。这些场合发生的赌债纠纷可以上诉，而官司的惯例是债主追得的钱财半数上缴官员。

可以说，韩国的赌博仅仅是不劳而获的生钱手段。

在韩国，赌博的迷信禁忌众多。从中即可推断出人们一心为财的赌博心理。例如，人们相信，如果持续一百天，每天深夜将骨牌的首牌埋到深山泥土里，并虔诚地向山神祈祷的话，山神就会在赌博时降临身后指点迷津。这个迷信被称为"六壬"。在赌博中，连胜的幸运儿被称为"六壬汉奴"。

另外，赌博时自己的钱不小心滚到别人面前，这

是赢钱的“吉兆”。此时一定要赶紧把钱捡起来，紧抓不放。因为钱若是进入他人之手，就会转而成为“霉运”了。还有，在喜鹊窝里抽出最大的树枝，掷入水中。如果树枝逆流而上，便是赢钱的好兆头。总而言之，所有赌博迷信的中心思想就是：怎样赢钱？

当然，西方人赌博也都想赢。但是他们不像韩国人那样，将胜利与赢钱一视同仁不加区别。对他们而言，金钱的收获是次要的，更重要的是赌博的冒险和面对冒险时的自我成就。

因此，偿还赌债也并不像偿还普通债务一般简单。它事关一个人的人格名誉，具有毁灭性。如果是未能及时偿还一般的债务，不过是信用受损。但是，在西方社会，赌债失约无异于宣告人格名誉的全面破产，甚至连社会生活的基本资格都将失去。

就像因失败而被捕的遗族必须以命相抵，战败国必须向战胜国支付赔金一样，在西方的骑士或者绅士的世界里，他们的生活自主、冒险自由、责任自负，所以，债务与生存息息相关。

中世纪法国的约翰二世在百年战争中被英国国王爱德华打败，成为俘虏被押到英国。1360 年，约翰二世与英国签订协议，承诺支付 300 万 ECU（前欧洲货币单位），以换取自己归国的权利。但是，回国后他百般周旋，最终未能筹集这笔巨款。

当时，约翰二世是怎么做的呢？他于 1364 年 1 月自觉回到英国，重返俘虏之身，并于同年 4 月结束了自己的生命。

约翰二世的遗体在英国受到最高礼遇，他的死亦为人称道。

这一事件清晰地展示了什么是欧洲贵族和绅士必须坚守的道义。

"毫发不损"的韩国人

韩国人经常说"完全不知道"(韩语中"完全"是"도무지"[tomuži],其前身是"도모지"[tomoži],译为汉语就是"涂貌纸")。"도모지"[tomoži]这一词语就源自韩国人的静态自杀方法。

黄玹[1]的《梅泉野录》一书中,记载了"涂貌纸"(跟中国封建体系下的官员刑讯刑罚"贴加官"相似)这一词语的来源。

在韩国,自杀或者被杀的时候,最安乐的死法就是"涂貌纸"死法。现在我们来介绍一下这种死法。

将少量的水洒到有韧性的朝鲜纸上。先把一张纸糊在脸上,随着纸的变干,呼吸会渐渐急促。然后再将沾了水的纸覆盖其上,呼吸变得更加困难。就这样,一层两层三层,直至犯人的呼吸停止。至于纸张数则因人而异,据说有的人要用五六层才会窒息,而大部分情况下三四层就足以毙命。因为是把纸贴到脸上,令人窒息而死,所以这种纸被称为"涂貌纸"。

---

① 黄玹(1855—1910),朝鲜著名诗人,文学家,爱国者。

不得不说这种“涂貌纸”是韩国的特色发明。

有学者认为，西方人习惯以刀自杀的原因在于他们的民族性质。西方多为畜牧、肉食性民族，因而对于动物体的损伤早就习以为常。如果是这样的话，也就不难理解以农耕为生的韩民族，为何对“涂貌纸”这类静态死亡方式情有独钟了。

但是，除此之外仍有各种因素值得探究。“万物皆有灵性”的生命观自古便支配着韩国人的思想。加之，“身体发肤受之父母”的朱子理学熏陶，“毫发不损”的思想观念在韩国变得牢不可破。

在韩国原始的思想观念中，认为身体是灵魂的安身之所。身体若因损伤发生变化，灵魂就会拒绝回“家”。

并且，人们认为身体的各个部分都有人的灵魂存在，它们是人的分身，如果某个分身与本体分离被恶魔捉住的话，本体也会受到诱惑和伤害，所以就有了保持肉身健康完整的习俗。我们的祖先珍惜身体，细至一根头发，小至一块指甲、一颗牙齿都不愿有丝毫损伤，原因正在于此。

在文化人类学者弗雷泽的《金枝》当中，有这样的记载：韩国的国王生了脓疮，但是拒绝做手术将脓疮去掉。这仍然是拒绝损伤身体发肤的文化表现。

“身体发肤，受之父母，不敢毁伤”被认为是孝道的根本。韩国原始的万物有灵论和这个观点相结合，使身体损伤成为韩民族的一大禁忌。

据说，韩国道教始祖金宏弼离世时，将胡须整理好，含在嘴中去世。这既是重视身体健全的韩国式身体观的体现，也是韩国式生命观的体现。无损于身体的静态自杀方式，也就是在原始禁忌和后天教化中形成的。

对西方人来说，死亡就意味着生命的终止，所以可以切开血管解剖尸身，也可以取出眼球或内脏进行捐献。但是，韩国人认为死亡只是身体皮囊的老去，灵魂尽管暂时飞离却依然存在，因而死亡并不意味着结束。

可以说，韩国人的生命观是一种重视精神的、感性的生命观。因此，在安乐死和不告知癌症患者病情，以及器官移植等问题上，韩国人有着不同于西方的另一种生命价值观。

插花艺术不发达的原因

西方人视自然为利用的对象。与之相反，韩国人却钟情于人与自然的和谐共处。这样的自然观使得采花入室点缀生活的插花文化难以立足。

在韩国的传统住宅文化中，庭院文化并不发达。这正是因为庭院风景是人造的伪自然，有悖于韩国人追求天人合一的自然观。

韩国的庭院设计着重借景而非造景。所谓借景，是指巧妙地借用大自然的风景，使之与庭院景观融为一体。

毋庸置疑，在韩国的住宅文化中，风水和宅木占了相当大的比重。确定一处宅基需要综合考虑前山、后山和侧山的相对位置，采光、通风和水的流向等等，也是不可忽视的因素。这样的慎重，与其说是出于风水迷信，倒不如说是为了“借景”入园。至于宅木，它远引青山近靠住宅，起着接合远近的“缓冲”作用。

花是属于自然的。所以韩国人自古虽有秉烛夜游、四季赏花的习俗，却没有折花入室点缀生活的“雅兴”。韩国的陶瓷文化也很发达，插花专用的花瓶却为数不多。虽也有“梅瓶”，但其有瓶盖，由此看来，“梅瓶”也并不是花瓶。在日本，插花艺术备受欢迎，而在隔海相望的韩国却无人问津。原因就在于，插花艺术是掠夺自然满足人类需求的行为，与韩国人的自然观背道而驰。

在韩国，古时的文人墨客或在皑皑雪地里抚琴对饮于梅花下，或荡舟莲池，倾听莲花细语于晨曦中。人们就是在这样的情境下与静谧的大自然合而为一、写意风流。

与西方人相比，韩国人离花比较远。这正是两者自然观的差异所致。

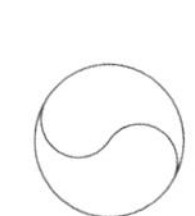

韩国人的“功名观”
——期待“高”处的风景

韩国有句老话，叫“立身出世”。所谓“立身”，是指在社会上立足，站稳脚跟。

古时候，人们连基本生存都无法保障，尤其在经历了二战和韩国战争（中国称抗美援朝战争）之后，人们寻求安身之处都尚存困难，更别说是出世发达了。

但是，近年来随着经济的增长，年轻人已经不满足于单纯的安身立命，而将目光投向了“出世”。“立身”已经退居二线，平步青云的“出世梦”却备受追捧。

“出世”本来是佛教用语，与今天喻指“上升运动”的“出仕”并不相同。出世有两层意思。其一是指佛祖为拯救芸芸众生而降临凡世。其二就是作为“出世间”的缩略语，即摆脱俗世的困扰，追求佛道。所以作为佛教用语的“出世”和现代人用作出人头地的“出仕”完全不同。

佛教用语“出世”的内涵变迁可能缘于以下原因。高丽时期推崇佛教，上层社会中出家的人很多。社会上普遍认为僧侣有较高的社会地位，所以，出世之门——出家被公认为身份上升的不二法门。根

据韩国佛教的传统，得道高僧成为寺庙住持教导众生被称为"出世"。因为住持的地位崇高，所以人们就认为"出世"是一件十分光荣的事情，意味着出人头地、飞黄腾达。

如果我们从历史上考察一下传统的"出世"思想，会发现作为古代小说的表现艺术之一，主人公的飞黄腾达是小说十分重要的主题，这引起了学者们的广泛讨论。《春香传》中如果没有男主人公的出仕做官，故事情节就无法展开。

《梁山伯传》中，梁山伯痴恋祝英台，犹豫着还要不要离开祝英台去参加科举考试。祝英台知道后对梁山伯说道："堂堂君子，怎可为一介女流而要放弃大好前程？考取功名、光耀门楣才应是男子汉大丈夫所为。怎可有不参加科举考试的想法呢？"

《淑香传》中这样写道："你要高中(科举)，这样父母就有享不尽的荣华富贵……"《朴氏传》中提到"状元及第、扬名立万，带给父母荣华富贵……"。

小说是现实的写照。毫不夸张地说，古代的韩国士族都将子孙高中科举、扬名立万视为家门的最大荣耀。

所以朝鲜王朝时期，最受推崇的并非宰相尚书，也不是府院君(国舅)外戚，而是在科举中五子登科、三子中举的家族。古代的士族社会不亚于今天的学历社会，人们都希望高中榜首，从此平步青云。只是

在古代，非士族的庶民在制度上被剥夺了应试权利，所以没有形成今天这样竞争惨烈的局面。

在古代，士族只占总人口的20%不到，其余超过80%的庶民都被科举拒之门外。在士族社会内部，庶子亦没有参加科举的资格。所以，有机会参加科举考试的人数实际上很少。

严格的等级观念和嫡庶差别在遏制了人们出世欲望的同时，也使“本分意识”萌发。对本人身份地位有自知之明，安守本分不逾矩就成为韩国人的普遍观念。虽然“安分守己”的价值观对书生、贵族还有统治阶级也适用，但是相对庶民来说，两者的“分”并不相同。统治阶级的“本分”是让老百姓习惯于逆来顺受，不再对现状抱有不满并妄想冲破阶级、出人头地。

“出世”不仅受森严的等级制度制约，党派限制、地域偏见也是影响因素之一。在官场，某些地域或者某个家门出身的人，即使通过科举，所授官职也不能超过一定品级，这是不成文的规定。所以，只有极少数的人能够得偿夙愿，仕途坦荡、官运亨通。

开化时期的思想启蒙运动，打破了传统的阶级观念，实现了人人平等。只要上学，就有出人头地的机会。有了这样的制度保障后，人人争相“出世”、势不可挡。然而这股“出世”狂潮并没有其他支流分引，最终是否会酿成“洪涝大灾”，着实令人担忧。

身份上升的长期限制，造成了今天韩国社会人人争相出人头地的“出世”恐怖。

盲目追逐新潮流的消费结构

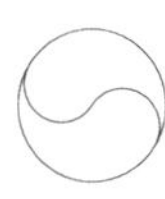

美发店，以前是女士的“专区”、男士的“禁区”，但是现在大多数男士也去美发店剪、染头发。在这里，我并不想讨论男人中性化或者女人中性化的问题。

现在，“男女皆宜的美容沙龙”诞生，男人都去美发店剪头发。在美国大都市的市中心，专业男士美发店也混迹其中。其实，在美国，男人也刚开始不久光顾曾是“禁区”的美发店。

这种“男女皆宜的美容沙龙”刚刚在美国兴起不久，就迅速占领了韩国的广大市场，这引起了大家的关注。我们大体能够感受到韩国人对外来文化的敏感。在这一现象中，我们可以发现韩国文化的一些特质。

可能因为来自农村，我从小就很害怕去理发店。充满消毒水味道的房间里，穿着白色工作服的理发师拿着手术刀一样的“家伙”在我头上来回动作，总让我有种置身医院的错觉。因为这种潜意识的作用，长大之后，我仍然有理发店“恐惧症”。

有一次去伦敦旅行，因为必须做一次正式的礼节

性拜访，我只好去了一家理发店。当然以我的习惯，我去了一家离大道较远的、稍微偏僻的、不入流的理发店。

一进去，眼前的座椅令我大吃一惊。因为座椅已经老旧得只有在博物馆才能看到，通身被磨得光滑。在韩国，美发店的座椅就像牙科医院的座椅一般，装备复杂、装饰高档。当我坐到没有坐垫、硬邦邦的椅子上时，我又一次惊叹了。因为手臂接触到两边的扶手时，我可以很明显地感觉到扶手有凹进去的感觉。我又特意看了下这光滑的凹进去的部分，发现它并非人工制作，而是岁月流淌，无数的人坐过后留下的印迹，那凹进去的部分正是岁月的见证。

我被深深地震撼了，于是问店主这把椅子是什么年代的。店主看起来有近 60 岁，他回答说，这是 1890 年他的曾曾祖父开理发店的时候置备的。就这样，子承父业，代代相传，这个理发店已经历经 4 代。他还说，从未想过要把这座椅换成新式椅子，并打算将其传给自己的儿子。

在韩国，理发店总是频繁地更换座椅。从手动的到电动的，从洁面的到按摩的，始终紧跟潮流。如果把这种情况告诉这个店主的话，不知道他会是什么反应。

和英国这样的消费结构相比韩国国内正在兴起的“男女皆宜的美容沙龙”实在令人匪夷所思。

由此可知，欧洲的消费需求结构与韩国和美国都有着本质的区别。

如果受到英国家庭的邀请，或是到韩国朋友租的英国房子里去参观的话，就会发现，英国人家里的洗衣机、冰箱、吸尘器等几乎都有 20 年以上的历史，没有例外。

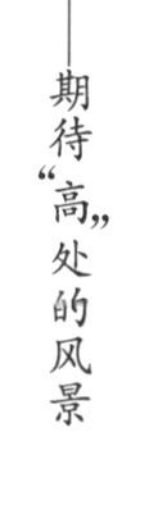

家具也是如此。如果说韩国家庭的家具是十年一换的话,欧洲家庭的家具就是百年一换。其使用的历史之悠久可见一斑。

我曾经特意去伦敦的电器杂物店参观。在那里,能看到很多最新型的商品,也能看到只有在韩国殖民地时期才能看到的陈旧电器配件。因为在英国仍然有很多人在使用50年前生产的电器,所以这些配件仍有市场。欧洲的消费就是如此,不管多破旧,只要尚有可用价值,欧洲人便会持续使用。

韩国和美国的消费与“实用性”无关。无论是洗衣机、电视机,还是家具、汽车,总会有最新产品不断涌现。眼花缭乱的新品开发造成了“喜新厌旧”的大众消费文化。换句话说,在韩国,物质上具有耐久性的器材在文化上却无法持久。

不看实用只追潮流的消费倾向造成了广告的泛滥。美国和韩国都是如此。在英国、法国和北欧,广告甚至出现“负增长”的趋势。当然,伦敦的地铁和电梯两旁也能看到广告的踪迹,报纸上也有专门的广告栏,电视上也不乏商业广告的身影。但是,比起韩国广告的“横行霸道”,实在是小巫见大巫。而且,他们也不会像韩国那样强调广告的商业性。

在韩国,除了专门的广告栏,报纸上至少还有10余种广告植入手段。同样,在看电视节目时,不到十分钟就会突然蹦出商业广告。除此之外,还有随同信

件登堂入“室”的打折广告，和通过电话或直接上门的各类推销员。总之，你如果不买点什么就无法脱身。

欧洲的商人对顾客很木讷，你甚至分不清他们到底是想把东西卖给你，还是想自己留着。不管是大商店，还是小商店，几乎都不会为增加销售额而进行“促销”。

世界上免费赠送火柴等物品的国家，恐怕除了韩国、日本和美国，也没有几个了。在英国，如果你需要火柴，就得掏钱买，不买不行。据说打火机在英国很流行的原因就是大家都觉得买火柴太麻烦。

两种消费方式的差异如此之大，其中的原因可以从多个层面来阐述。

首先是时间观念不同。大体上，与欧洲人相比，韩国人的时间观念更强，生活节奏更快。具体表现在韩国人今日事今日毕，绝不拖泥带水的习惯上。因为过了这个时间段，还有别的事情要去处理。

在土耳其，有这样一句格言：“今天的事情做不完，还有明天。”可以说反映了人们的价值取向。但是在韩国，谚语“今日事今日毕”又反映了另一种价值取向。韩国的气候变化大，所以，农活具有很强的季节性。

第二是对幸福的理解。对于韩国人来说，“幸福”永远是属于未来的概念。在别人眼里幸福的人，可能他并不感到幸福。在他们心中，幸福永远是他们前方尚未达成的目标，“现在”只不过是追求幸福的过程。

韩国人和美国人都活在对未来幸福世界的期待中，所以他们不会满足于现在所享有的各种家具、洗衣机、电视、冰箱等。他们向往更大、更好、更贵的东西，并被慢性毒药般的欲望所挟持。他们的“不幸”与客观条件无关，而是来源于自己的主观判断。

有学者曾以伦敦郊外的贫困劳动者和农民为对象，做过这样的问卷调查。问题是：如果有一天你的收入比现在增加一倍的话，你会做什么？有意思的是人们似乎对这个问题并不“感冒”。“现在的收入，已经很满足了”，“比起钱，我们更向往自由”，“我会用那些钱来打理玫瑰花”等等，他们的回答表现出对现有生活的一种满足感。

韩国人对外国产品和新事物敏感的习性，可以通过以上幸福观的差异略知一二。

看美国的地方报纸，你经常会被一些“跳蚤市场”(Rummage Sale)的广告标题深深吸引。与韩国招聘、买卖、求职、家教等下面有三行说明的广告类似，“跳蚤市场”的项目下面会注明销售的时间和场所。它是将各自废弃的生活用品随时进行买卖的小型个人市场。

观察我们的周围，你会发现许多自己不再需要但是还可以再利用的生活用品。过时的衣服、戴厌的领带、孩子小时候的衣服、不成套的家具等占据了我们大量的空间。

美国人的习惯是：等到这些东西堆积到一定程度以后，就会在地方报纸“跳蚤市场”上发布广告。主要

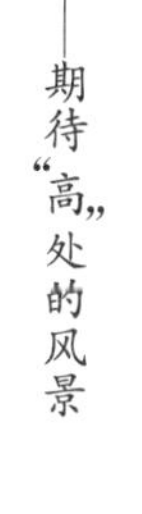

是在停车场周围设摊，卖给那些闻风而来的顾客。

之所以将“跳蚤市场”(Rummage Sale)统称为“车库销售”(Garage Sale)，是因为他们都是在车库进行交易。

在俄克拉荷马州旅行时，我特意去参观了一位会计师夫人的“车库销售”。

车库里的塑料细绳上面挂了十几件旧衣服，前面用砖块砌起了“展卖台”，上面整齐地摆放着旧水壶和小孩子的玩具，以及丈夫读过的四五本会计书等杂物。

一位30多岁的女顾客，将胸罩拿在胸前比了一下；一个五六岁的小孩子正在向主人询问玩具机器人的使用方法。商品虽然由小型市场的主人随意定价，但是一般不会超过一美元。少女的碎花连衣裙是50美分，玩具是10美分。即使卖掉所有的产品也不过是三十美元，还不够一天的辛苦费呢。

因此，“跳蚤市场”与其说是为盈利，不如说是为了将自己不用的东西过渡给需要的人，是出于一种精神关怀而持续下来的交易习惯。

我从那位夫人手里接过一杯咖啡。这并不是为我这个外国人而设的特别招待，而是面向所有来访的顾客。他们与客人喝着咖啡闲话家常，并以此为乐。

美国人和韩国人对二手货的观念是如此不同。以前我们总是认为，在物资丰富的美国，人们随手扔掉陈旧的物品是理所当然，甚至是美国人的生活习惯。但是我们错了。比起美国人，韩国人更爱扔东西。

在韩国，撕破的牛仔裤之所以流行，只是因为“崇洋”。对于美国人来说，那个既不是美，也不是流行。破牛仔裤的文化其实是穿着破旧也可以若无其事的二手文化的派生物，与美和流行是无关的。

这种旧物品情结与基督教互帮互助的精神相结合，又产生了另一种习惯，叫“义卖”(Jumble Sale)。宗教团体、妇女团体或者个人也可以进行“义卖”。“义卖”必须有明确的目标，或为了帮助越南的难民，或为了援助孟加拉国因洪水受灾的灾民。在确定目标后发布广告，一些乐善好施的人总会捐献几件二手物品。募集而来的物品随即进行买卖，“义卖”就是用买卖所得收入支持慈善活动的贸易。

俄克拉荷马州的市民们每个月都会收到一张橘色贺卡：

“我们正在为那些未能获得救世军恩惠的兄弟姐妹们募集废旧物品。旧的家具、衣服、书籍都可以，回收的日期是×月×日，请用红笔写上‘救世军’后放在门口。”

到了回收的日期，就会有一辆写着“救世军”三个大字的红色卡车在大街小巷里穿行，人们会把旧衣柜、桌子等大型家具毫不吝啬地捐献出来。

“救世军”将这些二手货物拉到本部。其中一部分会无偿地分给需要帮助的人，另一部分则拉到二手商店卖给一般的顾客。比较体面的西服一套只卖两美元，所得收入将用于慈善事业或卡车的经费。

还有一个叫“Good Will”的团体，与救世军类似，

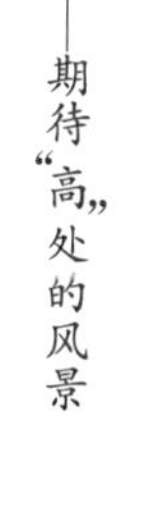

也是一个非盈利的团体，将二手物品分给那些社会底层的人们。但是，他们的回收方法与救世军不同。Good Will 会在人口流动较多的超市和加油站门前放置一个大铁箱，这个箱子和邮局的邮箱相似，它的上面有一个大的投入口，可以将各类旧物品投入箱子里面。

这一系列的二手货慈善活动都是以不排斥废旧物品的文化为基础的。

韩国人对于别人穿过和用过的东西，有唯恐避之不及的倾向。他们不是从物理上，而是从精神上看待带有他人体味的二手物品。即，将二手物品看作是承载着前主人灵魂的载体之一。他们并不认为某个人穿过或用过的痕迹仅仅是物理存在，而认为这是一种神秘的超现实存在，是不可侵犯的神圣领域。

因此转变对二手货的看法，是节约消费和勤俭节约的积极的催化剂，也是亟待开展的课题。

同类意识的触发

韩国人的同类意识很强，这意味着韩国人有着优越的精神资源。但是这种资源却被韩国人藏匿起来，未得到有效的开发。

个中缘由自是仁者见仁，智者见智。正如有人说，同类意识在韩国历史和传统社会中起了负面的作用。家丑不可外扬，因而只能被"雪藏"。

韩国历史上震动朝野的各类党争都是同类意识从中作祟。"物以类聚"的同类观使得朝野之上拉帮结派的邪风盛行，而各类党派的形成又促进通婚和血缘关系的联结，从而使他们的衣食住行显示出与其他党派或团体截然不同的特征。

大儒张旅轩属"南人"(朝鲜时代的一个党派名称)一派，其孙女深受党内通婚惯例的影响，嫁到了同属"南人"的光氏。但是后来，她的儿子为谋仕途前程，背弃了世世代代所属的党派，投奔了"西人"一派。夫人对此很气愤，就和子女分居了。有一天，孙子来到奶奶房里问安，奶奶斥责他说："你这'西人'血脉来这干什么?"孙子答道："回到家来，向奶奶问安不是天

经地义的事情吗?”奶奶又问:“你来到这个家,这里就真是你的家么?”孙子回答“是”。于是老夫人随即吩咐下人备轿,道:“我的祖先世代皆‘南人’一派。今日我亦不会寄居‘西人’篱下!”随后便移居“南人”一派的女儿家中,直至去世。

古人固守自己的党派。因此,不同的党派在服装和发式上都不一样。例如在“老论”家族,女人们的衣领、衣襟等处不是按方形,而是按圆形折叠起来。裙褶不是很大,也不密集,裙摆也比较宽松。与之相对,在“小论”家族,女人们的衣领、衣襟等处都比较尖,折叠成方形。这种方形的设计被称为“盘扣”,这也是人们将“小论”家门俗称为“盘扣”的由来。

不仅如此,同一党派的人步调一致,语气相同,甚至对待下人的态度也相仿。由此可见,同类意识在古人脑海中是多么根深蒂固。除了党派,世家门阀也深受同类意识的影响,门阀统治导致国家衰落的例子不胜枚举。

我们甚至可以说,同类意识是韩国社会关系的基础,推动着韩国历史的发展。在近代化的过程中,韩国曾面临的最大问题正是如何打破这种韩国特有的伦理意识。于是,同类意识逐渐成为备受批判的落后愚昧思想。直到现在,很多人虽然仍不能摆脱这种同类意识的束缚,但内心深处却强烈排斥和贬低这一思想。

现代社会,我们把同类意识看作人际关系中的优秀资源,是因为它不同于历史上的拉帮结派、牟取私利。在现代化和城市化的过程中,人与人之间的关系不断疏离,相互之间缺乏信任,同类意识是改善这炎凉世态的一剂“良药”。

事实上,即使有同类意识,也无法形成新的党派,因为现代社会并不具备这样的条件。

集体是个人的保护伞

如果将社会比作三角形的金字塔，那么西方社会就是由个人责任制的砖块构筑而成。所以如果组织内部的一个人生病了或者因其他原因缺席的话，他负责的工作就成了集体的一个缺口和空白，就像金字塔被抽掉一块砖。

与此不同，韩国的社会体系金字塔并非由一块块独立的砖块搭建而成，而是像容器里流动的液体，相互之间没有明确的界限，共同填满整个集体空间。因而，就算是某个人缺席，空白也能够及时有效地被填补。

假设部门同事因父亲或者母亲的丧事请了5天的假。那么部门的其他同事就会义不容辞地分担他的业务工作，以保证整体的工作进展不会受到影响。

在这样集体高于个人的情况下，个人职责多少会模糊不清，也难以确定谁最有能力。但是相应地，集体中的每个人都能得到集体的庇护而免受伤害。

在集体责任制社会，社会成员的责任是相辅相成的。因此，过错不会归咎于一个人；荣誉也同样不能

私人占有。

如果有人在一项比赛中获得冠军，或者在某个领域获奖，不可否认这个荣誉是属于个人的，但是它更属于个人背后的整个集体。西方社会也有类似的情况。当个人代表学校或者地方获奖，那么这个荣誉同时也是属于地方或者学校的。但是像拳击手或者学者这样没有集体组织的情况，个人的荣誉就只属于个人，不会上升到集体的高度。

比韩国更封闭的西方社会

本章主要通过比较韩国和英美的立身和出仕观念，探究韩国人在出仕观上表现出来的特征。

出人头地，换句话说就是“升迁”；反之，落后便是“走下坡路”。上升和下降的主体都可以分为两种情况：一是个人，二是所属集体或阶层。也就是说可以分为个人的上升、下降和个人所属集体的上升和下降。

比如说，几个人一起乘船在海上遨游。如果是我个人的失误，自己掉下去了，那就是个人的“下降”；如果是乘坐的船沉没的话，那就是集体的“下降”。

上升的情况也类似。如果这艘沉船上，只有我自己被营救上来的话，那就是我个人的“上升”。如果整艘船被成功营救的话，那就是整个集体的“上升”。这个比喻中“船”的本体自是不言而喻了。

一般来说，韩国人和西方人的显著差别就在于，西方人更倾向于保全整艘“船”，而韩国人更注重个人的上升。也就是说，在西方，个人的升迁欲望受其所属集体的支配。

造成这种现象的原因之一是西方社会的封闭性。

个人冲破阶级的限制、实现垂直升迁无异于天方夜谭。

我们都以为欧美是平等社会，其实它们的平等只限于权利和义务的平等。欧美人的阶层 VS 阶级比韩国人更顽固。

例如，美国一直被认为是世界上最平等的国家，但是美国社会等级森严，不可逾越。

在美国，地位最高的阶层被称为“WASP”。在政府部门、经济领域的高层主要管理成员中，他们占 78%。

WASP 即白种人(White)、盎格鲁一撒克逊人(Anglo-Saxon)和基督教信仰者(Protestant)。在 WASP 阶层里，又数圣公会一派地位最高，加尔文派的地位略低。

紧随其后的第二阶层是信奉天主教的白种人。在这一阶层内部，法裔美国人地位最高，其次是出身于东欧的人，地位最低的是南欧例如意大利、西班牙等地的后裔。

第三阶层是犹太人。犹太人内部又分为犹太教新派和犹太教古典派，两者中前者地位相对较高。

第四阶层是有色人种。包括韩国人、中国人、日本人等黄种人，作为奴隶从非洲贩运到美国的黑人，以及土著印第安人。这一阶层内部又有阶层划分。

美国社会各个阶层之间界限分明，老死不相往来。因此，冲破阶层 VS 阶级的个人升迁阻碍重重，成功的概率几乎为零。正因为如此，同一个阶层 VS 阶级的人们只能团结一致，为“整艘船”的上升而齐心协力。

触发“同类意识”的服务

在人际关系、人事管理和销售等领域，同类意识可以作为收买人心、同化外部人员的有效手段。不仅如此，它还可以被应用在韩国人尚不熟悉的服务开发上。

在韩国人为韩国人提供服务时，显而易见，符合韩民族思维方式的服务是最有效的。所以，若想提高服务质量，不断研究和开发切合韩民族思维特点的服务方式才是上策。

韩国的服务行业有“哈日”倾向。然而，日本的服务模式总是依据日本国情度身定做。日韩两国人民的思维方式虽然有许多共通之处，但差距仍然是客观存在的。所以，在相似的方面，日本人的服务模式总能引起韩国人的共鸣；但是在不同的方面，却适得其反，容易产生副作用。

在日本，地方银行的顾客不是很多。每当顾客推门而进的时候，窗口的工作人员就会应声起立，向顾客 90 度鞠躬问好。

韩国某服务行业派遣员工远赴日本进修，期望以

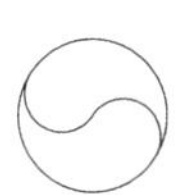

此提高企业的服务质量。回国以后，员工将上述服务模式依样画瓢，在地方进行了试点推广。

一个月以后，企业进行了反馈调查。结果显示，大部分人认为“一进那家店就浑身起鸡皮疙瘩，受不了！”

为什么会受不了呢？因为这项服务的矫揉作态不符合韩国人的思维方式，引起了他们的反感。调查显示，不止是反感，甚至还有抗拒倾向。如果对方是交易额为数亿韩元的大客户，他也许能够心安理得地接受。但是对于交易额只有几万、几十万韩元的一般客户来说，这种服务只能造成精神上的负担。

心情轻松地走进一家店，却负担百倍地退出来，人们自然会对这家店敬而远之。即使进去了，也可能会造成心理上的不舒服。最终带来的不是服务质量的提升，而是一落千丈。

所以，触发顾客的同类意识，作为将服务模式与意识结构相结合的手段，是非常值得提倡的，并且方法也很简单。

提供服务的人首先要找到顾客和自身的共同点。如果和顾客有交情，对顾客有一定的了解，便可以寻找相互间深层次的共同点。例如兴趣爱好是否相同、人生价值观是否一致、是否对同一位音乐家着迷等等。与顾客有了共鸣，服务自然事半功倍。如果是不熟悉或者初次见面的人，那就要发现外在的一些共同点，这样也同样可以提高服务的效率。

比如说，顾客穿了藏青色的衣服，而恰巧我也穿了相同颜色的衣服；或者即使是衣服颜色不同，但花纹一样也可以。再比如我们有类似的发型或用了同颜色的唇彩等等。此时，我们就可以说“我也喜欢藏青色的衣服……藏青色很适合您啊”，或者“我也喜欢带花纹的衣服”等等，从而以此刺激顾客的“同类意识”，拉近双方的距离。这样的服务才是真正意义上的优质服务。

只要发现了两者的共同点，不管这个共同点是什么，优质服务就变得轻而易举。

假设我戴眼镜，顾客正好也戴眼镜，在窗口处理业务时便可以像这样闲话家常：

“先生，您近视啊？”

很明显，这时顾客会回答：

“是啊，近视。”

“近视多少度呢？”

“两眼都是0.1。”

“怎么和我的视力一模一样呢！”微笑搭话。顾客也就自然而然地喜欢上这家店，因为双方成为了同病相怜的“盟友”。

往后顾客就会想，反正都是买东西，就到那个和我一样眼睛不好的人的店里去吧。虽然只去过一次，却感觉已经是那家店的老顾客一般异常亲切。这样的服务可以称之为最高境界的服务。

“大小孩”现象

每年高考时，看到很多考生都在父母的陪伴下走向考场。一方面，父母不放心让孩子独自应考，于是出马陪同；另一方面，考生因为尚不成熟，还没有能力独自承担，所以也会要求父母相伴。

不止高考如此，开学典礼和毕业典礼也大同小异。虽然为人父母祝贺孩子升学或毕业乃人之常情，却也从深层面反映出韩国母子的依存关系。

在英国，父母从小就注重培养孩子的独立性，避免他们过分依赖。他们会陪同孩子参加“11 岁考试”，不过这是最后一次。之后的每一项考试，都交由孩子独立面对，他们将不再参与其中。

韩国青少年的这种依赖性可以有两种解释：一种是孩子内心独立，只是表面看来依赖性很强——这一点虽然看似矛盾，其实有它的道理。所谓“春蚕到死丝方尽，蜡炬成灰泪始干”，韩国青少年正是理解父母的良苦用心，才表现出一定的依赖性哄得父母开心。

另一种就是现在的青少年心理不成熟。比起自己独立行动，他们更喜欢向父母撒娇，依赖父母的力量。也就是说，韩国人在精神层面滞留在儿童期的时间比西方人长很多。

为什么会这样呢？最重要的原因应该是不同文化环境下，家庭中各类关系的比例构成不同。在传统的韩国家庭中，父母和孩子间的纵向关系占支配地位。而欧美家庭则不同，他们最重要的关系莫过于夫妻间的横向关系。

尤其在美国，所有家庭活动原则上都是由横向关系的夫妻共同完成，无论是去剧院、参加宴会还是接受邀请都是夫妻搭档。不只是这种共同的行动，对丈夫或妻子来说，彼此还是人生旅途中的精神伴侣。

德国丈夫们在工作上遇到麻烦时，首先想到的商议对象就是自己的妻子，当有值得庆祝的好事时就更是这样了。与之形成鲜明对比的是，韩国男人若在工作上遭遇难题，一般会和同事或者上司商议而不会选择妻子。对于韩国的丈夫们来说，将工作烦恼、社会压力加诸妻子身上的行为是不对的。但是在德国，妻子不只是家庭主妇，她们还扮演着理解丈夫工作的同事角色。

在韩国，夫妻共同出席宴会的情况极其少见。丈夫若有了工作方面的苦恼，会呼朋唤友去大排档，进行一场激烈辩论，将问题解决。偶尔回到家向妻子抱怨，一般也不奢求妻子的理解，更不会主动和妻子商议。

另外，韩国妻子亦不会插手丈夫的工作，或为其分担工作压力。夫妻双方的世界有着一重看不见的屏障。不管丈夫在外面做什么事情，妻子都不应该过问和干涉，这被认为是妻子的美德。有外国人这样评价说：“韩国人的家只是所有人独立办好自己的事情

后回去睡觉的地方。”这也不是完全没有道理的。

所谓冰冻三尺非一日之寒，这种东西方家庭的差异并非婚后突然出现，在他们青少年的交际活动中已经初见端倪。

以英美为首的西方国家为例，一半以上的青少年同时拥有许多同性和异性朋友。在瑞典，此项比例甚至高达70%，而韩国却只有18%。可以说，韩国属于青少年时代只与同性朋友交往的文化圈。虽然日本、菲律宾、印度也有类似的倾向，情况却不像韩国这样严重。

在同性交友圈中，“类别意识”起着支配作用，男生女生各自为营。这种类别意识使男女有别观压倒男女平等观，成为孩子们心中不可违背的金科玉律。而与之相反，在西方，大部分青少年很自然地和异性交往，为将来“夫妻中心型”的家庭生活打下了基础。

那么，让我们回过头来看一下韩国的“父(母)子中心型”家庭。

当然，父母对孩子的亲情古今中外并无差异。但是，西方父母一般不会为了孩子无条件地牺牲自己，他们对孩子的执着更是难与韩国父母相提并论。

对韩国父母来说，人生的终极目标和最高价值在于子女。他们把毕生的心血和精力倾注到孩子身上，帮助孩子成长。

尤其是韩国的母亲们。她们对孩子深沉的爱和献身精神，不仅崇高美丽，而且是培养韩国式情感的土壤。

然而，过度溺爱不仅会妨碍孩子独立，也使得父母对孩子的期待值无限膨胀。无论是负担过重的孩子还是全心付出的母亲，最终都会受到伤害。母亲因为儿子没取得理想成绩而苦恼，儿子为没能达到父母的期望而彷徨……这样的母子关系只会陷入恶性循环。

有西方学者认为，韩国父母的这种无私付出只是为了“老有所养”。这仅仅是套用西方“give and take”的方程式所得出的结论，不免有以偏概全之感。事实上，这种付出是源于母子一体、父子一体的韩国式自然情感。

“因为别人都……”的跟风心理

有一天，上小学五年级的儿子向我提出要买一块电子表。

平时这孩子很有分寸，给他钱买零食吃都不怎么要。所以他提出这样的要求，我觉得很奇怪。而且有别于一般孩子在想要某种东西时候的撒娇，他很认真地提出了这个要求。

于是我对他说：“你这个年纪的孩子还用不到手表。在家里的时候有挂钟，在学校的时候会打铃，所以像你这样的小孩就算没有手表也没关系。”以此为理由拒绝了他。但是他一点都不为所动，辩解道，班里其他小孩都戴了电子表，所以他也想要。这样一来，原本与我站在统一战线的妻子也动摇了。

“因为别人都……”这样的说法对韩国人来说是最正当的理由。事物或者事情本身的意义并不是最重要的，关键在于“别人都……”的这种跟风心理。

我出身于山村的一个农民家庭，家里只有 20 多斗落地(每斗落地面积因地而异，约水田为 150～300 平，旱田为 100 平)。即使遇到好年景，也只是勉强糊口罢了，地要是再少一点我们就几乎过不下去。

我 18 岁的时候，爷爷去世了。家里的大人们商量丧礼是应该用传统的旧式丧舆呢，还是采用新式花丧舆。父亲为这个问题苦恼不

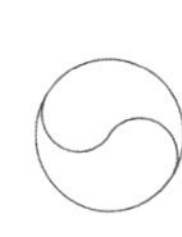

已。我永远忘不了父亲为难的样子。家里的大人都认为,家庭条件还不如我们的人家都用了新式花丧舆。为了家族的体面,我们也不能用旧式丧舆。

家里的大人还施加压力说,其他人家的葬礼上挽联都有80多个,我们最少也要有80个——所谓挽联,就是亲戚为了表示对死者的哀悼而送的对联。送的多就收的多,送的少则收的少。但是挽联的多寡象征着家门的盛衰,所以为了体面,很多人只好自己花钱去商店请人做挽联充数。

我们去外地花了很大的价钱请师傅来做新式花丧舆,还要做出成组的五色挽联,为此不得不卖掉了家里四分之一的土地。

同样,考试作弊被抓的学生一般不会为此感到自责,这是因为有一种观念已先入为主,那就是:"因为别人都这么做。"作弊的正当性已经得到默认,所以考试作弊被抓那是运气欠佳,并非作弊本身的错误。换句话说,受到惩罚不是因为所作所为不端,而是自己倒霉。

因为一些小失误被开除的公务员也不例外。他们无一不在埋怨运气,从不反省自己的行为作风。"别人都在做那些逾矩的事情,只是没有被发现而已",这种观念在他们的脑海中早已生根发芽。

在韩国人的生活中,"别人都……"的跟风心理深深影响着他们的消费模式。造成这种现象的原因可

以说是多方面的。韩民族是世界上少有的单一民族，拥有相同的肤色、相同的语言、相同的文化，甚至相同的生存空间，所以“趋同”自然就成为韩国人的生活准则。

这种“别人都……”的意识使人们用尽全身解数与他人保持“同一类”。加之农耕社会的自身特点是既拒绝卓尔不群，也拒绝过分落后，总是以别人怎样我就怎样的“同一类性”观念作为社会基石。

正所谓“木秀于林，风必摧之”。在人云亦云的社会氛围中，“趋同”现象应运而生。

在韩国社会中，节约型消费的最大阻力亦源于韩国人的这种跟风心理。只有我们从“同”中发现“个”，由“趋同”转向“求异”，节约型消费才可能实现。这也是节约型消费最需要的智慧。